Inge Braune

Bad Mergentheim

Porträt einer Stadt

Inge Braune

Bad Mergentheim

Porträt einer Stadt

GMEINER KULTUR

Liebe Leserin, lieber Leser, wenn Sie ein Feedback zum Buch geben möchten, bitte schreiben Sie uns! Autorin und Verlag freuen sich über Ihre Rückmeldung.
stadtgespraeche@gmeiner-verlag.de

Besuchen Sie uns im Internet:
www.gmeiner-verlag.de

Im Ehnried 5, 88605 Meßkirch
Telefon 07575/2095-0
info@gmeiner-verlag.de

1. Auflage 2016

Lektorat/Bildredaktion: Claudia Senghaas/Ricarda Dück
Satz: Julia Franze
Umschlaggestaltung/Bildbearbeitung: Benjamin Arnold
Kartendesign: Mirjam Hecht; © The World of Maps (123vectormaps.com)
Druck: AZ Druck und Datentechnik GmbH, Kempten
Printed in Germany
ISBN 978-3-8392-1902-7

1

Mörderisch mit spitzer Feder

Autor Uwe Klausner bei Buchhändler Rainer Moritz

So ruhig und lieblich liegt dieses Städtchen mit seinen unzähligen Kirchen, Kurpark und Schloss im Taubertal zwischen Wiesen, Feldern, Wald- und Weinhängen, dass man ganz sicher glaubt, kein Wässerchen vermöge zu trüben, wer in dieser Idylle lebt.

Und dann begegnet man Uwe Klausner: Auch der Geschichtslehrer ist auf den ersten Blick ein ruhiger Zeitgenosse, heiter, ein stiller Genießer. Wie war das noch mit den stillen Wassern? Klausner ist eines von ihnen: Tief drin in seinem Herzen gibt's Mord und Totschlag. Er schreibt Krimis mit historischem Hintergrund. Seine Kommissare ermitteln mal im Mittelalter, mal im Berlin der Nachkriegszeit oder im Trier der Römerzeit.

Zusammengetan hat er sich mit dem ebenso mordlustigen Buchhändler Rainer Moritz, der Krimiautoren schon mal nicht vor, sondern sogar hinter die Schranken des Bad Mergentheimer Amtsgerichtes bringt. »Ein nicht alltäglicher Ort für eine Krimilesung«, fand auch Amtsgerichtsdirektor Martin Autenrieth, der bereits zwei Mal seinen Platz im Sitzungssaal räumte, um ihn – logisch: außerhalb der Verhandlungsstunden – für Krimiautoren freizumachen. Zu »zwei Stunden ohne Bewährung« verurteilte etwa Elisabeth Herrmann, Autorin auf dem Richterstuhl, ihr Publikum bei ihrer *Schneegänger*-Lesung. Von der Amtsgerichtsbühne aus hat Klausner seine Motiverkunder, die in Mönchskutte, römischer Toga und dem etwas derangierten Berliner Chic der 50er-Jahre ermitteln, noch nicht präsentiert, dafür aber bei zahlreichen Lesungen – unter anderem in der Buchhandlung *Moritz und Lux*, die seit 1998 nicht nur für Leseratten ein regelmäßiger Anlaufpunkt ist.

Rainer Moritz, Jahrgang 1953, stammt aus Wertheim. Eigentlich wollte er Lehrer werden, studierte in Berlin, Mannheim und Stuttgart BWL und, wie Klausner, Geschichte. Dann gab's, heute kaum noch zu glauben, keine Stellen für Lehrer – und Moritz entschied sich, nicht zuzuwarten, sondern eine Buchhandlung zu eröffnen. Die erste, da damals in der Mergentheimer Innenstadt schlicht nicht heranzu-

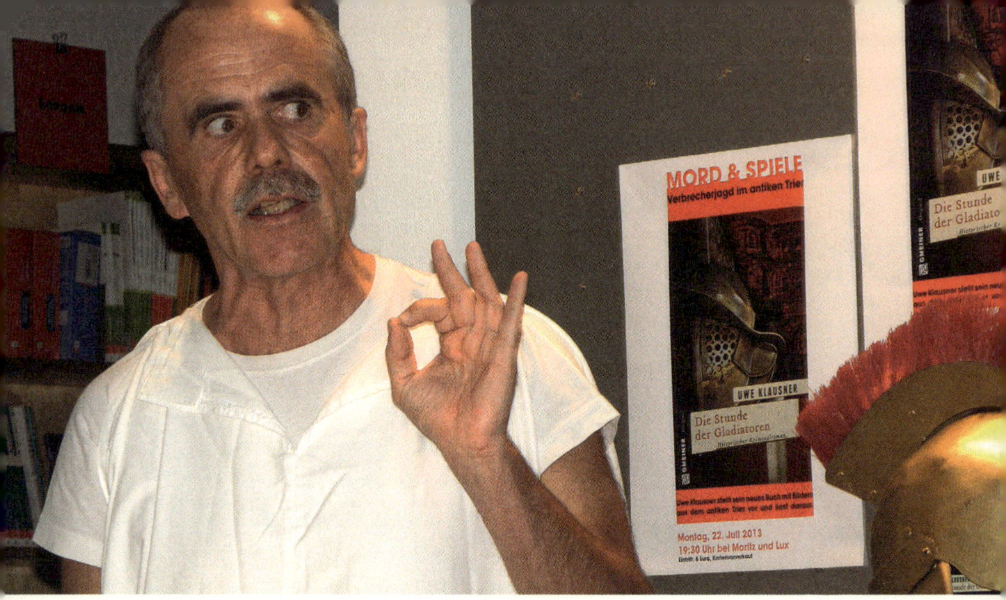

Bei Uwe Klausner wird jede Lesung zum Gesamtkunstwerk

kommen war an ein passendes Ladenlokal, war in Lauda stationiert. 1983 bot sich die Chance, im *Ritterhaus*, das der Mergentheimer Volksmund auch als *Geisterhaus* bezeichnet, Regale aufzubauen.

Über der alternativen Kellerkneipe und dem Ökoladen machten sich die Buchladen-Gründer Rosemarie Lux und Rainer Moritz, der 1980 als erster Grüner Landtagskandidat im Main-Tauber-Kreis antrat, mit Verve an die Sanierung. Passend zum alten Gebäude gestaltete das Team die Ausstattung dieser ersten reinen Buchhandlung in der Kurstadt mit ganz dunklen Möbeln. Eigenhändig geschreinert waren die sehr hohen, sehr dunklen, sehr gediegenen Regale, berichtete Ulrich Rüdenauer, von dem weiter hinten noch die Rede sein wird, in seiner Laudatio zum 25-jährigen Bestehen der Buchhandlung.

Auf die »ziemlich friedens- und ökobewegten« neuen Mitspieler am Handelsplatz Bad Mergentheim reagierten die Kurstädter anfangs mit Skepsis: »Zu rot, zu grün, zu links, zu aufmüpfig« fand das Bürgertum diese Buchhandlung, die natürlich auch eine Öko-Ecke bot. »Die gab es damals nur bei uns«, erinnert sich Moritz, der phasenweise auch sein Privatdomizil direkt über der Buchhandlung im *Ritterhaus* aufschlug.

Mit jeder Menge Enthusiasmus, von dem bereits in den ersten Jahren das Veranstaltungsprogramm mit Ausstellungen und Lesungen zeugte, eroberten sie nicht nur ihre Kundschaft, sondern auch Anerkennung als politische Stimme: 1984 zog Rainer Moritz als Neuling in den Gemeinde- und Kreisrat ein.

1998 folgte der erste, 2002 der zweite Umzug der wachsenden Buchhandlung. Ein Teil des Mobiliars im Erdgeschoss ist mobil, wird bei Veranstaltungen beiseite gerollt, macht Platz für Lesepult und Sitzplatzreihen. Besonders beliebt bei regelmäßigen Lesungsbesuchern sind die Kinosessel, in denen man das Lesungs-Kopfkino so richtig genießen kann.

Hier ist auch häufig Uwe Klausner Gast – als Bücherfreund, Veranstaltungsbesucher und selbstverständlich auch als Autor. In römischer Toga und auf Hochlatein begrüßte er hier etwa das Publikum zur Vorabpräsentation der *Stunde der Gladiatoren*. Das war der zwölfte von Klausners allen im Gmeiner-Verlag erschienenen historischen Kriminalromanen. Inzwischen liegen 16 Bände vor, weitere sind in Vorbereitung.

Seine Mörder sind nicht gerade zart besaitet: Der Mittelalter-Ermittler Bruder Hilpert muss sich unter anderem mit einem abgerichteten Bluthund anlegen, in Berlin stolpert Kommissar Tom Sydow schon mal über Leichen mit Folterspuren, und im Trier des Jahres 313 führen seine Ermittlungen zum Tod des Gladiators Niger den Advokaten Gaius Aurelius Varro, Mitglied des Magistrats, in Gladiatorenschulen und die der ärmeren Bevölkerung vorbehaltenen römischen Wohnblocks der *Insulae*-Bezirke.

Klausner selbst, gebürtiger Heidelberger und – der Vater war dort Schlossverwalter – von Kind auf mit der romantischen Schlosskulisse vertraut, liebt es eher ruhig: Er lebt in einer stillen Ecke der Kurstadt, wo einen neugierige Katzen noch von Tür zu Tür begleiten. Nachdenklich lauschend sitzt er einem beim Interview gegenüber, die Antworten kommen besonnen. So sei er auch als Lehrer, berichten die Schüler des Weikersheimer Gymnasiums, für die er nach dem

Referendariat und der ersten Anstellung in Heilbronn seit vielen Jahren Ansprechpartner für Historisches ist.

Dabei hatte Klausner sich eigentlich auf Sport und Französisch spezialisieren wollen. Als es für die Wunschkombination Wartezeiten gab, schrieb er sich für Geschichte und Englisch ein. Besonders die Geschichte fasziniert ihn immer wieder – und die war's auch, die Klausner zum Schreiben brachte: Für die *Schultheater-AG* stieg er mit einem Stück über *Hans, den Pfeiffer* ein, dann folgte aus dessen Heimatort Nicklashausen die Anfrage nach einem Buch über die historische Persönlichkeit. 2005 lag das gut 500 Seiten starke Erstlingswerk vor – und Klausner hatte sich einen akuten Schreibvirus eingefangen.

Ermittlernachwuchs in der Buchhandlung Moritz und Lux

Krimi regional – das wär's!, dachte er und schickte seinen klugen Mönch nach Bronnbach, Wertheim und Würzburg auf Ermittlungstour. Weitere Fälle führten Bruder Hilpert und seinen Freund und Mit-Ermittler Berengar von Gamburg zu Fuß, zu Pferd und auf dem Schiff bis nach Aschaffenburg, Rothenburg, Maulbronn.

Und Mergentheim? Noch nicht, obwohl das Ambiente Ordensrittervolk und altem Mauerwerk doch reichlich Inspirationen bietet. Hinrichtungen gab es im Mittelalter jenseits der Wolfgangbrücke, wo heute der Weg hinaus ins Kurtal führt; die Markelsheimer Chronik weiß von Hexenverbrennungen, auch Bauernkrieg und Kampf ums Stadtrecht bieten viel Stoff. »Wer weiß«, sagt Klausner, grübelt kurz über Schauplätze wie den Johanniterhof, Burg Neuhaus, den Schlossturm, und fügt ein »aber« an.

Nicht nur sein Bruder Hilpert, auch Kommissar von Sydow könnte hier ermitteln: Muss sich nicht auch ein Kommissar einmal erholen, zur Kur ins Heilbad, weil ihm die reichlich angefallenen Berliner Leichen doch auf den Magen schlagen? Sein Sydow käme dann wohl mit der Bahn, sinniert der Autor, »entschleunigend«. Er selbst hält viel davon, sich auch einmal der Alltagshektik zu entziehen: Statt fernzusehen, wechselt er abends und an den Wochenenden in die Schreibstube, um sich mit Mord und Totschlag zu vergnügen.

Seine Familie muss sich nicht ausgeschlossen fühlen: Als Probehörer erfahren sie zuerst, worüber Klausner grade brütet. Sohn und Tochter, beide inzwischen erwachsen, fänden sich noch am ehesten in den Berlin-Krimis wieder, berichtet der Autor – und das gehe auch seinen Schülern so: Der schnodderige Schuss »Berliner Schnauze« dürfte dabei ebenso eine Rolle spielen wie die Zeitnähe.

Der ungemein produktive Autor – seit 2007 hat er jährlich mindestens einen, meist zwei neue Kriminalromane vorgelegt – hat so viele Krimipläne auf Lager, dass sich die Kurstadt noch ein Weilchen wird gedulden müssen, ehe ein Klausner in Bad Mergentheim spielt. Aktuelle Stichworte auf Klausners Arbeitsliste deuten mit »Shakespeare« eher auf Großbritannien, wo er einen Teil seines Studiums absolvierte, und mit »Baader-Meinhof« wohl erneut auf Berlin hin. Ein weiterer Römer-Krimi, so verrät Uwe Klausner abschließend, ist ebenfalls in Vorbereitung. Dabei ist es nicht nur der Historiker Klausner, der sich begeistert in die römische Wendezeit-Geschichte vertieft. Sein Herz an Trier hat er bereits als Kind bei mehrfachen Besuchen mit dem Großvater verloren. Rainer Moritz und sein Team freuen sich schon auf die nächsten Lesungen.

BUCHHANDLUNG MORITZ UND LUX
GÄNSMARKT 3
97980 BAD MERGENTHEIM
WWW.MORITZ-LUX.DE

2 Wolfsrudel, Fledermaus und Koboldburg

Mit Sandra Hertweck und Marcus Rügamer im Wildpark

Es ist still geworden in der Kurstadt: Kurz vor Mitternacht ist es, Mondlicht schimmert, auf die Autoscheiben hat sich Nebeldunst gelegt. Klammfingriges Tasten nach dem Schlüsselbund. Und dann schwingt – ein wenig sträubt sich schon das Nackenhaar – Wolfsgeheul durch die Luft. Gruselszenario vom Feinsten.

Kein Grund zur Sorge: Das größte Wolfsrudel Europas ist im an der Alten Kaiserstraße gelegenen Wildpark in bester Hut. Rund drei Meter tief ist der für Besucher kaum wahrnehmbar gesicherte Graben, der das 1985 angelegte Freigehege umgibt. Rund 30 Wölfe leben hier. Auch nach über drei Jahrzehnten als Tierpflegerin leuchten vor dem Wolfsgehege die Augen von Sandra Hertweck, die die Abteilung Tierpflege leitet. »Es sind Individuen«, schwärmt sie, »die im Rudel ihre unterschiedlichen Talente entwickeln. Da gibt's den ›Onkel‹, der sich eifrig um die Welpen kümmert, den ›Wächter‹, der die Ohren spitzt, und echte Charaktere wie den Leitwolf.« Sie kennt das Rudel seit seinem Einzug: Ein Jahr vor der Einrichtung des Geheges kam Sandra Hertweck als Auszubildende in den Park. Laub rechen war der erste Arbeitsauftrag – ganztägig, denn in der Nacht hatte ein Sturm das Gelände kräftig durchgeschüttelt. So etwas gehöre auch dazu, neben Aufgaben wie Misten, Einstreuen, Heu auffüllen, Tränken und Suhlen zu bewässern und der Fütterung. Die lässt Besucher, je nach Charakter, die Luft anhalten oder jubilieren, wenn der Seeadler im Flug seine Beute greift, Luchse, vom Futtersimulator zu fast echtem Jagdverhalten animiert, senkrecht einen Baum hinaufspurten oder wieselflinke Frettchen durch ihr Biotop sausen. Die täglichen Fütterungsrunden sind für Besucher und Tierparkpersonal ein Höhepunkt des Tages. Dann sind die Pfleger nicht nur den Tieren nah, sondern auch den Besuchern, ihren Fragen, ihrem Staunen, ihrer Begeisterung. Sandra Hertweck kann sich keinen schöneren Beruf und keinen besseren Ort vorstellen. Sie wuchs mit Hamster, Hund und Vogel auf, das prägte den Berufswunsch schon in Kindertagen.

Faszinierende Begegnung mit charakterstarken Wölfen

Bei Wildpark-Chef Marcus Rügamer gehörten die Wildtiere von klein auf dazu: Er kam 1969, vier Jahre vor der Gründung des Hochwildparks Bad Mergentheim auf die Welt. Ab 1979, als sein Vater Rolf Rügamer, ein erfahrener bayerischer Landwirt und Gutsverwalter, die Betriebsleitung übernahm, war der Park fester Bestandteil des Rügamer'schen Familienlebens. Ernst A. Mensinger, Betreiber des *Freizeit-Lands Geiselwind*, hatte den Park vom Düsseldorfer Gründer Helmut Schniedenharn gekauft. Innerhalb kürzester Zeit krempelten der neue Eigentümer und sein Betriebsleiter den Park um. Ende 1980 standen 20 neue Gehege und Volieren, Exoten wurden ausquartiert. Mensinger und Rügamer setzten mit Alpensteinbock, Bussard, Dachs, Eule und Weißstorch auf die heimische Tierwelt – und bald auf ein innovatives Parkkonzept, das die Tiere in möglichst natürlichen Lebensräumen präsentiert. »Wir wollen Menschen nicht nur für die Tiere, sondern auch für Natur und Umwelt begeistern«, fasst Marcus Rügamer die Philosophie des Parks zusammen, den die Familie mit der eigens gegründeten *Fauna Wildpark GmbH* 1988 übernahm. Zug um Zug ersetzte die Familie Drahtzäune durch unauffällige Holzeinfriedungen, auf einer Holzbrücke geht's über das Bärenareal. In begehbaren Volieren begegnen Besucher unter anderem einer Schnee-Eule, die an Harry Potters Hedwig erinnert, bei der Greifvogel-Schau stehen nicht die Falkner, sondern die Tiere im Mittelpunkt. Selbst bei der Haustierschau, bei der ein Ziegen-Sechsspänner ein Schwein auf die Wiesenbühne kutschiert, spielen die Tierpfleger mit heiterer Selbstironie trotz ihres Informationsauftrags eher eine Nebenrolle.

Rund 30 Festangestellte gehören zur Tierparkfamilie. Dass darunter etliche Quereinsteiger wie Schreiner, Schlosser und Landmaschinentechniker sind, erleichtert kreative Entwicklungen, die in der Eigentümerfamilie zu sprießen scheinen wie andernorts das Unkraut. 1989 entstand die Greifvogel-Freiflugvoliere, im Folgejahr naturnahe Freigehege für Fischotter, Luchse und Großbären, 1992 der von Kindern heiß geliebte Streichelzoo, 1993 der Schaubauernhof. Im Jahr darauf bewunderten Besucher Waschbären und Eisfüchse in artgerecht naturnah gestalteten Anlagen, 1995 zogen die Gämsen ins Gebirge um, 1997 folgte die neue Geiervoliere, 1998 der neu gestaltete Wolfswald, wo das Rudel jährlich rund zwölf Tonnen Fleisch, Knochen, Innereien und Felle vertilgt. 2003 zogen Biber im Park ein, 2004 beschnüffelten erste Flughunde ihr neues Zuhause im dauerwarmen begehbaren Höhlenbau – nichts für Nervenschwache, auch wenn die Tierchen ihren Gewohnheiten treu bleiben und tagsüber meist schlummern.

Natur- und Umweltpädagogik für Wildparkkinder hielt bereits 2000 mit *WiPaKi* Einzug – zur Freude von Kindergärten, Schulen und Behinderteneinrichtungen, die auch die Möglichkeit zur Übernachtung im Tipi, auf dem Heuboden, in der Katzenberghütte oder – besonders knuffig – in der Koboldburg gern nutzen.

WILDPARK BAD MERGENTHEIM
FAUNA WILDPARK GMBH
WILDPARK 1
97980 BAD MERGENTHEIM
WWW.WILDTIERPARK.DE

3 Vogelspinne, Kaiserboa und ein Papagei

Anette Hirt: »Snakemum« im Haus Heußler

Im über 200 Jahre alten Haus in der Wettgasse 11 leben zwei Personen, ein gutes Dutzend Schlangen, die Vogelspinne Engelchen und Papageiendame Flori. »Alarm, Alarm«, krächzt Flori. Die rot geschwänzte neunjährige Graupapageienschönheit aus dem Kongo ist zu Recht besorgt. Anette Hirt hat die 17-jährige Kaiserboa Fluffi aus ihrem schrankgroßen beheizten Terrarium herausgeholt. »Flori passt genau ins Beuteschema«, erklärt Anette Hirt, die nicht umsonst weit über die Grenzen Bad Mergentheims hinaus als *Snakemum* bekannt ist. Wenn Schlangen für Unruhe sorgen, klingelt im Haus Heußler das Telefon.

Die Polizei holte die Schlangenspezialistin schon mal in den Kurpark. »Es war nur eine kleine heimische Ringelnatter, völlig ungefährlich, aber das wissen Laien natürlich nicht auf Anhieb.« Einer Ringelnatter wegen holte die Feuerwehr Anette Hirt auch schon nach Althausen. »Das allerdings war ein ausgewachsenes Tier. Ungefährlich, aber ich kann verstehen, dass die Hausbewohner nicht unbedingt eine knapp 130 Zentimeter lange Schlange unmittelbar am Wohnhaus haben wollen – auch wenn die fast nur Amphibien und Fische frisst.« Das Tier in schlangenkompatible Gefilde umzusetzen, war für die Liebhaberin züngelnder Wesen kein Problem. Beim Urlaub in Brasilien hat »die schlangenverrückte Deutsche« auch schon mal vor den Augen leicht panischer Hausbewohner eine Boa vom Verandadach gepflückt. »Die eigentlich zuständige Naturschutzbehörde war am Wochenende, noch dazu abends, nicht erreichbar«, erklärt sie lakonisch.

Die Liebe zu den schuppigen Tieren packte Anette Hirt als Kind bei einer Ausstellung in Konstanz. Gar nicht so einfach, Mitbewohner für dieses Hobby zu begeistern. Deshalb zog ihre erste eigene Schlange auch erst 1998 ins perfekt vorbereitete Terrarium. Zur in den USA heimischen Strumpfbandnatter gesellte sich zwei Jahre später eine Königspython, dann eine amerikanische Kornnatter. Spezialisierung spricht sich herum: Bald war Anette Hirt mit ihren Schlangen in Schulen und Kindergärten ein gern gesehener Gast. »Tschüss, Schlangenmutter«, verabschiedeten sie die Kinder nach ihrem allerersten

Perfekt zum Abhängen: die selbstgemachte Hängematte.

Schulbesuch im *Sanktus*, wie Schüler ihre St. Bernhard Grund- und Realschule liebevoll nennen. Der Abschiedsgruß der Kinder gab der Homepage ihren Namen. Anette Hirt will irrationale Ängste abbauen und nachhaltig für einen respektvollen Umgang mit der Natur und ihren Bewohnern werben. Ihr selbst ist diese Achtung schon früh zugewachsen: Bei den Großeltern lebten Hund und Katz, im Elternhaus Papagei und Zebrafink, einen Winter lang sogar ein Igel, der als regelrechter Wegelagerer den menschlichen Hausbewohnern bei allfälligen nächtlichen Wanderungen durch den Flur nachdrücklich klar machte, dass sie ohne ein paar Streicheleinheiten nicht weiterkommen würden.

Zur Naturliebe gesellt sich bei Anette Hirt auch die Begeisterung für Bad Mergentheim: Sie hat den Wachbach noch als naturbelassenes Abenteuerparadies für Kinder erlebt, stand auf vertrautem Fuß mit Schäfer Breitenbach und seiner Herde, durfte die Lämmchen hüten – ein Traum von Kindheit in der Stadt, der Schäfer Gehrig zum Titel »Bad« verhalf. Dem Schäfer widmete auch der Münchener Fassadenmaler Karl Maria Lechner auf der Fassade des Hauses Heußler viel Platz. Schon zweimal restauriert wurde die Lüftelmalerei am Haus in der Wettgasse, das Anette Hirts Urgroßvater noch zu Goldmarkzeiten erwarb. Der älteste bislang gefundene schriftliche Beleg des Hauses datiert von 1748, die Anlage mit langem Flur und beidseits angeordneten, durch Verbindungstüren auch unmittelbar miteinander verbundenen Räumen könnte auf frühere Verwaltungs- oder Kasten-Nutzung hindeuten, mutmaßt die heutige Besitzerin Anette Hirt.

Dass die Wettgasse ihren Namen nicht von »wetten«, sondern aus der hiesigen Form von »waten« herleitet, hat sich ihr schon als Kind unmittelbar erschlossen: Auch unter diesem Haus verläuft die Weet, auch Hundskalkbach genannt, ein unterirdischer Nässezug, der bei längeren Regenepisoden den alten Gewölbekeller regelmäßig unter Wasser setzte. Anette Hirts Urgroßvater machte dieser Flutung durch Aufschüttung und Einziehen eines höher gelegenen Betonbodens ein Ende. Nicht beendet wurde dadurch natürlich das Mitschwanken des Fachwerkhauses auch bei kleineren Erdbeben im Schwarzwald. »Auf dem schwammigen Untergrund fühlt es sich dann schon mal an wie auf einer Luftmatratze«, berichtet Anette Hirt. Meist bekommt sie bereits ein, zwei Tage vorher eine Warnung: Die Tiere werden unruhig, eigentlich bodenlebende Spinnen klettern an den Wänden hoch, Vögel wollen aus dem Haus hinaus, und auch die Schlangen zeigen sich angespannt. Die *Snakemum* weiß, dass sie dann dreifach Vorsicht walten lassen muss.

Bad Mergentheim ist ihre Heimat von Geburt an. »Die Stadt muss ihren Charme erhalten, die schönen alten Häuser pflegen und neue – bitte, bitte! – angepasst einfügen«, appelliert sie. Und Flori, das clevere Papageienmädel, gibt auch gleich krächzend ihren Senf dazu: »Kammer lasse!«

HAUS HEUSSLER
WETTGASSE 11
97980 BAD MERGENTHEIM
WWW.SNAKEMUM.DE

4 Revolution der »Schwarzen Kunst«

Horst Wagner führt im Rathaus Hachtel zu Ottmar Mergenthaler

Ohne die Erfindung des aus der kleinen Ortschaft Hachtel stammenden Lehrersohnes Ottmar Mergenthaler (1854–1899) hätten es Journalisten und Bücherwürmer schwerer, ihren Lesern so flink Informationen über Vogelspinne, Wolfsgeheul und Mord und Totschlag nahezubringen. Mergenthaler, gelernter Uhrmacher, erfand die *Linotype*-Setzmaschine und revolutionierte damit den Zeitungssatz.

Horst Wagner strahlt, wenn er Gäste in der Ottmar-Mergenthaler-Gedenkstätte in Hachtel begrüßt: »Gott grüß' die Kunst!«, den alten Druckergruß, entbietet er dabei aber nur Kollegen aus dem Druckhandwerk. Wagner ist Jahrgang 1939, stammt aus Pfuhl am See und begann seine Ausbildung als Schriftsetzer vier Monate vor dem offiziellen Schuljahrsende am 11. Mai 1953. Dass sich auf den Tag genau ein Jahr später Ottmar Mergenthalers Geburtstag zum 100. Mal jährte und mit der Einweihung der Gedenkstätte in Hachtel gefeiert wurde, spielte für den 15-jährigen Lehrling noch keine Rolle. Auch an der Sonderbriefmarke, die die Deutsche Bundespost aus diesem Anlass herausbrachte, hatte er kein sonderliches Interesse.

Heute ist das anders: An jedem ersten Sonntag im Monat ist Horst Wagner verlässlich ab 13.00 Uhr im Haus an der Ottmar-Mergenthaler-Straße zu finden – und nie vergisst er, auch auf den Ersttagsbrief mit der in Hachtel abgestempelten Sondermarke hinzuweisen, die in der Gedenkstätte gehütet wird.

Nach viereinhalb Jahrzehnten Tätigkeit im Zeitungsgewerbe verschlug es Wagner um den Jahrtausendwechsel aus privaten Gründen nach Bad Mergentheim. Als die Gedenkstätte anlässlich des 50-jährigen Bestehens ehrenamtliche Unterstützer suchte, stieg er spontan ein. Wagner plante maßgeblich die Neugestaltung, sortierte stundenlang die im ehemaligen Bad Mergentheimer Dominikanerkloster verwahrten Bleisatzlettern in Setzkästen, sammelte Altbestände aus Druckereien, organisierte die perfekte Verwahrung und Präsentation der Brot- und Steckschriften in Setzkastenschränken.

Die Linotype des Hachteler Lehrersohnes revolutionierte das Druckgewerbe

Auch bei Freizeitaktivitäten hielt er die Augen auf, entdeckte etwa bei einer Radtour, die an einer Druckerei vorbeiführte, eine alte Maschine, deren Treibriemen er schnell als potenzielles Ersatzteil für die beiden Hachteler *Linotype*-Maschinen requirierte. Dass er die jüngere der beiden original *Linotypes* – Baujahr 1972, als sich die Druckereien in den Vereinigten Staaten bereits auf den Fotosatz umstellten – nur bedingt in Aktion vorführen kann, grämt ihn. Der älteren – sie stammt aus dem Jahr 1904 – erspart man ohnehin den Vorführ-Einsatz.

Wagner kennt das Geburtshaus des Erfinders wie seine Westentasche – auch wenn er es nie gesehen hat: Das Haus, in dem Mergenthaler am 11. Mai 1854 als drittes der insgesamt vier Kinder des Dorfschulmeisters Johann Georg Mergenthaler und seiner Frau Rosine geboren wurde, war damals schon über 300 Jahre alt. Schulsaal und Lehrerwohnung befanden sich im Obergeschoss des Fachwerkhauses. Unten, wo Wagner heute die *Linotype*-Druckmaschine in Aktion vorführt, war zumindest phasenweise der örtliche Schäfer zu Hause.

1953 wurde das Mergenthaler-Geburtshaus unter anderem mit Landesmitteln, Großspenden der *Linotype*-Gesellschaften und der Familie Mergenthalers – seiner Ehe mit Emma Lachenmaier entsprangen fünf Kinder – fast identisch am Originalstandort neu aufgebaut.

Nur ein paar Monate seines Lebens verbrachte der künftige Erfinder in der Lehrerwohnung: Kaum ein halbes Jahr alt war er, als die Familie in die Gegend von Calw zog, um bereits vier Jahre später nach Ensingen – heute ein Stadtteil der Großen Kreisstadt Vaihingen an der Enz – umzusiedeln. Für das Kind muss es eine schwere Zeit gewesen sein, denn schon kurz darauf verstarb die Mutter.

Für Ottmar Mergenthaler war es ein Glücksfall, dass sein Vater bald in Karoline Hahl eine neue Lebensgefährtin und Ehefrau fand, die sich sehr liebevoll der Familie annahm. Die durch die Eheschließung neu geknüpften verwandtschaftlichen Beziehungen ermöglichten dem kleinen Stiefsohn lebensentscheidende Weichenstellungen, denn Ottmar Mergenthaler zeigte früh eine große Begeisterung für technische Fragen.

Den Traum vom Maschinenbaustudium konnte ihm der Vater, der bereits für die beiden älteren Söhne das Schulgeld aufbringen musste, nicht finanzieren. In die Bresche sprang Ottmar Mergenthalers Stiefonkel Louis Hahl. Der Uhrmachermeister in Bietigheim dürfte viel Freude an dem gelehrigen Jugendlichen gehabt haben, dem es bereits in jungen Jahren gelang, die Ensinger Kirchturmuhr wieder in Gang zu setzen.

Ebenfalls über die Familie der Stiefmutter gelang dem jungen Uhrmacher die Auswanderung in die Vereinigten Staaten: Ottmars Cousin August Hahl führte in Washington einen Betrieb, der mit der Entwicklung und Wartung elektrischer Geräte und Messwerkzeuge für die damalige Zeit höchst zukunftsorientiert arbeitete. Der Stiefcousin konnte in seiner Firma einen pfiffigen Mechaniker gut brauchen. Die Vorfinanzierung der Zwischendeckspassage für den 18-jährigen Uhrmacher, der 1872 auf der *Berlin* ins Ungewisse aufbrach, erwies sich für Hahl als sinnvolle Investition: Bereits sechs Jahre später machte er Ottmar Mergenthaler zum Teilhaber seines inzwischen nach Baltimore verlagerten Betriebs. Der fertigte unter anderem im Auftrag von Erfindern Modelle an, die sie für die Einreichung von Patentanträgen benötigten. Damit hatte der Schulmeistersohn aus Hachtel die Nase im Wind: Er schnupperte nicht nur eine kräftige Prise Erfinderluft, sondern machte sich auch mit dem Stand der Entwicklung von lithografischen Schreibmaschinen und Matrizen-Prägemaschinen vertraut.

1883 machte sich Mergenthaler mit einer eigenen Werkstatt selbstständig und widmete sich unter anderem intensiv der Entwicklung einer Maschine, die über eine Tastatur automatisch die Guss-

Der Satz mit Lettern und Winkelhaken kostete viel Zeit

formen für komplette Zeichenzeilen herstellte. Zäh verbesserte der gebürtige Hachteler seine Erfindung und führte frei umlaufende, per Druckluft gesteuerte Messingmatrizen als Gussformen ein – eine ungeheure Neuerung gegenüber dem hergebrachten Handsatz mit Pinzette, Winkeleisen und Kolumnenschnur.

Den führt Horst Wagner in der Mergenthaler-Gedenkstätte ebenso perfekt vor wie die *Linotype*: Geübte Handsetzer kamen auf rund 1500 Zeichen stündlich. Fünf bis sechs Stunden Setzerleistung wären also allein für diesen Text erforderlich gewesen. Bereits Mergenthalers Prototyp vervierfachte das Tempo der Setzer.

Kein Wunder, dass sich die Zeitungsmacher der *New York Tribune* und der *Washington Post* für die Erfindung interessierten: »A line of types!«, soll der begeisterte *Tribune*-Herausgeber Whitelaw Reid staunend bei der ersten Vorführung im Sommer 1886 gerufen haben, der damit zum Namensgeber der *Linotype* wurde.

Um die für den Bleiguss erforderlichen Matrizen wirtschaftlich herzustellen, gründete Mergenthaler eine eigene Fabrik, die er mit eigens von ihm entwickelten Spezialmaschinen bestückte. Auf die erste Bestelltranche von einem Dutzend *Linotypes* folgte bald die zweite von 100 Stück, die unter anderem bei der *New York Tribune*, der *Washington Post* und in Zeitungsdruckereien in Chicago und Louisville zum Einsatz kamen. Bald beschäftigte Mergenthaler 160 Mitarbeiter, hielt diverse Subunternehmen in Atem, bildete aus und entwickelte weiter. 1889 machte die *Linotype* auf der Pariser Weltausstellung Furore, 1892, als sich Mergenthaler noch einmal auf den Weg nach Deutschland machte, um seinen Vater zu besuchen, ging bereits die 1.000ste Maschine in Betrieb.

Unglaublich lebendig gelingt es Horst Wagner, Besuchern die Geschichte des Buchdrucks und die revolutionäre Veränderung, die Ottmar Mergenthaler dem Druckgewerbe bescherte, nahezubringen: Komplette Schulklassen hat er bei Workshops schon ganz praktisch in die »schwarze Kunst« eingeführt. Kinder staunen über die säuberlich gefertigten Berichtshefte aus Wagners Lehrzeit. Wie winzig und wie riesig können die Blei- und Holzlettern sein! Kleinste Schriften und riesengroße Titelzeilen lassen sich so in Spiegelschrift zaubern, wie das lesbare Ergebnis aussieht, zeigt sich beim Probeabzug. Wenn Wagner über sein Handwerk spricht, über die harte Lehrzeit und das *Gautschen* – die Druckertaufe –, dann leuchten seine Augen.

Inzwischen haben Fotosatz und Desktop-Publishing die revolutionäre Erfindung des Hachteler Lehrersohnes nach knapp 100 erfolgreichen Jahren ebenso aus den Druckereien verdrängt wie die *Linotype* zuvor den Handsatz, den Horst Wagner noch von der Pike auf lernte. Für ihn ist Mergenthaler ein Genie, das die Medien- und Informationsgesellschaft, die wir heute kennen, überhaupt erst möglich gemacht hat.

OTTMAR-MERGENTHALER-GEBURTSHAUS
UND -GEDENKSTÄTTE
RATHAUS HACHTEL
OTTMAR-MERGENTHALER-STRASSE
97980 BAD MERGENTHEIM-HACHTEL

5

Fragen, fragen, hinterfragen!

Arno Boas, Redakteur im Mergentheimer FN-Gebäude

Als Arno Boas 1981 als Volontär zu den *Fränkischen Nachrichten* stieß, hatte sich der Verlag gerade erst vom Bleisatz verabschiedet. Der damalige Chefredakteur Fritz Behr forderte ihm nach dem Vorstellungsgespräch noch einen Probeaufsatz über den Start eines 400-Meter-Laufs ab. Boas hatte von seinem Laufhobby erzählt, und dass er mit 17 der fünftschnellste 800-Meter-Läufer Deutschlands war. Klar, dass der frisch gebackene Volontär nach der sechswöchigen Pflichtrunde in der Tauberbischofsheimer Chefredaktion in Bad Mergentheim zum »Laufburschen« auserkoren wurde. Es galt, die von Redakteurin »Ina« Beyer und fünf Volontären vorbereiteten Bilder und Berichte pünktlich zur Nachmittagsbahnpost zu bringen. Wenn's ganz eilig war, dribbelte sich Boas schon unten auf der Straße warm, während die Kollegen im zweiten Stockwerk des Sparkassengebäudes noch das Päckchen mit Texten und Dunkelkammerabzügen fürs Mannheimer Druckhaus schnürten. Ein Luftpost-Wurf, ein Kurstadt-Spurt: »Meist hat's geklappt.« Kaum noch vorstellbar in Zeiten des schnellen Datentransfers. Eher meuternd akzeptierte das Team Mitte der 80er-Jahre die ersten Computer mit grüner Flackerschrift auf schwarzem Bildschirm. »Wir wollten unsere Schreibmaschinen behalten!«

Der Redakteur versteht sich als Chronist, Dokumentar und vornehmlich als Einordner und Werter: »Das Netz liefert zwar eine unglaubliche Informationsflut, aber die ist oft extrem subjektiv.« Ohne Zeitung geht es für ihn nicht. Die Aufgabe lokaler Zeitungen? »Kritische Begleitung lokaler und regionaler Entscheidungsträger.« Dass nach 200-jähriger Geschichte der ehemalige Mitbewerber *Tauber-Zeitung* die Eigenständigkeit verlor und seit 2015 von den *Fränkischen Nachrichten* weitergeführt wird, habe auch die Redaktion bedauert. Der freundschaftliche Wettlauf um den Informationsvorsprung, das beste Bild und die klarsten Hintergrundinformationen spornte an. Themen gab es genug für zwei Tageszeitungen: »Die Mergentheimer diskutieren gern kontrovers, das spiegelt sich auch

Uralte Zeitungsausgaben schlummern im Archivkeller der Fränkischen Nachrichten

in den Leserbriefen.« Gestritten wird um Themen wie Stadt- und Schulentwicklung, Verkehrsplanung, den Ausbau der Windenergie und den Umgang mit der historischen Bausubstanz.

Die Stadt entwickelt sich. Wo Boas als Führerscheinneuling noch freie Fahrt hatte, flanieren heute Kurgäste und Einheimische, und – bedingt durch den Mergentheimer Campus der Dualen Hochschule – deutlich mehr junge Leute als früher. Aufmerksam beobachtet Boas den Modernisierungsprozess. Gelingt es der Stadt, Traditionen zu wahren und sich neuen Entwicklungen zu öffnen? »Es klappt insgesamt ganz gut, auch wenn es schon mal hakt.«

Auch die Redaktion stellte sich Modernisierungsprozessen: Während seiner Volontärszeit habe keiner Stunden gezählt, abends traf man fast das komplette Team als rasende Reporterschar bei Veranstaltungen. »Einige waren bekannt wie bunte Hunde.« Mittags zog oft die ganze Truppe zum *Sinz*, der urig-bürgerlichen Gaststätte, die unter wechselnden Namen 120 Jahre Gastronomiegeschichte schrieb. 1866 hatte der damalige Hauseigentümer mit Erfolg beim Oberamt die »Concession zur Ausübung der Speisewirthschaftsgerechtigkeit« für das Haus, das heute die Adresse Kapuzinerstraße 4 hat. Richtig: Das ist die Redaktionsadresse der *Fränkischen Nachrichten*. Der Umzug aus dem Sparkassen-Gebäude in die Kapuzinerstraße erfolgte 1986. »Keiner aus der Redaktion hätte gedacht, dass wir einmal dort arbeiten würden, wo wir früher gemeinsam Mittagspause machten.« Heute besetzt eine Handvoll freier Mitarbeiter viele Abendtermine, die Redakteure, die unter anderem die kompletten Seiten am Bildschirm gestalten, sind seltener *draußen* unterwegs. Drei der insgesamt gut zwei Dutzend Redakteure der *Fränkischen Nachrichten* arbeiten in der Mergentheimer Redaktion, zwei weitere betreuen die Mergentheimer Seiten in der Tauberbischofsheimer Zentralredaktion. Enge Verbindung zur Leserschaft halten auch die Redaktionen in Buchen und Wertheim sowie die Geschäftsstelle in Walldürn.

Im Zangengriff von Internet, kostenlosen Werbezeitschriften und lokalen Amtsblättern decken die *Fränkischen Nachrichten* das komplette Berichtsgebiet im Main-Tauber-Kreis und Teilen des Neckar-Odenwald-Kreises ab. Trotz vieler technischer Änderungen blieben die journalistischen Kernkompetenzen dieselben. »Nicht alles glauben! Und fragen, fragen, hinterfragen – beide Seiten!« Einfach schön sei's, jeden Tag ein neues Produkt zu gestalten, sagt Arno Boas. Auch nach 35 Berufsjahren stellt er immer noch die bohrenden Warum-Fragen, mit denen er als Kind schon seine Eltern nervte. Das »Warum« steckt auch hinter den Theaterstücken, die Boas seit 30 Jahren der Reinsbronner Theatergruppe *Bühnenzinnober* auf den Leib schreibt. Auf postkartengroßen mit Wurstband gehefteten Blättchen lieferte er das erste Stück zur Leseprobe. Neben heiteren Schwänken schrieb er auch zwei Stücke übers Dritte Reich und eines über die Reformationszeit.

FRÄNKISCHE NACHRICHTEN VERLAGS-GMBH
REDAKTION BAD MERGENTHEIM
KAPUZINERSTRASSE 4
97980 BAD MERGENTHEIM
WWW.FNWEB.DE

Meyers
Konversations-
Lexikon
DIE PFALZER

6 »Die Heimatstadt ist ein Prägestock«

Carlheinz Gräter berichtet am Marktplatz über seine Heimat

Er wohnt am Marktplatz, hat aus seiner Hochetage das Treiben unten, die ehemalige Wohnung Mörikes, die Zwillingshäuser, den Schlossturm und, wenn er sich etwas aus dem Fenster lehnt, auch noch das alte Rathaus im Blick. Dazu nimmt er sich wenig Zeit: gegen die Schreibstube kommt der Fensterblick nicht an. Genau 90 eigene Bücher, oft über die Region – drei Regalmeter nehmen sie in Anspruch – hat der gebürtige Bad Mergentheimer vorgelegt, dazu in zahllosen Aufsätzen, Artikeln und Rundfunkbeiträgen seiner Heimat ein Denkmal gesetzt. Die Leistung fand Anerkennung. Ausgezeichnet wurde er dafür unter anderem mit dem *Kulturpreis des Frankenbundes* und dem *Ehrenpreis des Main-Tauber-Kreises*. Eine andere Schwerpunktsetzung fand die Regionalgruppe *Sprachkultur Mainfranken* des *Vereins Deutsche Sprache* preiswürdig: Sie verlieh dem promovierten Historiker, Literaturwissenschaftler, Journalisten und freien Schriftsteller 2013 den *Sprachbewahrerpreis*.

Der produktive Autor ist Jahrgang 1937. Als Wissenssammler trug er zahlreiche Schriften zur fränkischen und hohenlohischen Landeskunde bei. Für den Nestor des regionalen Wissens gibt's kaum ein Thema, in dem er sich nicht auskennen würde, keinen Ort, zu dem er nicht bereits publizierte. Mehrere Bände hat er seiner Heimatstadt gewidmet – unter anderem 1972 eines, das genau denselben Titel trägt wie dieses Buch.

Bad Mergentheim, das ist sein »Prägestock«, die Gassen, durch die Geschichtshauch wehte, Steppenheide und Wald, Kirchen und das Zweitzuhause bei der Großmutter, weit draußen an der Edelfinger Straße. Noch als 14- und 15-Jähriger verbrachte er da einen Großteil der Sommerferien, sammelte gemeinsam mit einer kleinen Truppe Jüngerer in der Tauber Fischbrut mit bloßen Händen, holte nach Hochwasser Muscheln zu Hunderten aus dem Sand. Der Großmutter war völlig schnuppe, dass Mathematik und Physik nicht seine Stärke waren. Die Mutter sah das anders: Sie wollte Höheres für ihren Sohn, Abitur mindestens und Studium natürlich auch. Gar nicht gut fand sie, dass

Gräter-Werke meterweise setzen der Region ein besonderes Denkmal

der in manchen Unterrichtsstunden lieber Gedichte schrieb und oft bei Schülerstreichen Stichwortgeber war. Bis heute kolportiert werden Geschichten über Portalturmbau-Gelage, anlässlich derer die ungestüme Bande schon mal die Fahnenspitzen des Württemberger Annektionswappens so gar nicht ziemlich mit Maßkrügen »verzierte«. Denkwürdig war wohl auch das »Kurkonzert« mit Beethovens Pathétique, das nächtens Kurhaus-Gäste aus dem Schlaf riss. Was soll man machen, wenn das Pianoforte so verlockend unverschlossen in der Musikmuschel auf einen Pianisten wartet? Die kleine Jagd des Kurparkwächters mit Rad und Schäferhund: ein Heidenspaß in diesem Alter.

Spaß hatte Gräter auch am Abizeugnis, mit dem ihm Geschichtslehrer Willi Habermann, selbst Mundartdichter, eine Würdigung verlieh, die ausführliches Zitat verdient: »Carlheinz zeigte neben einem scharfen analysierenden Verstand eine reiche, eigenwillige Fantasie sowie ein ausgesprochenes Interesse für geschichtliche und literarische Fragen. Mit betontem Mut zur Lücke und in hingebungsvollem Eifer widmete er sich den Fächern seiner Neigung, wobei er weit über den Durchschnitt gehende Kenntnisse sowie erfreuliche Einsicht erreichte.«

Heimatstadt und Muschelkalklandschaft: Solche Prägemuster verlieren sich nicht mit den Jahren. Eng ging es zu im Hause Gräter – nicht nur, als man 1945 der Einquartierung einer kompletten Familie wegen zusammenrücken musste. Da räumte die Mutter die Küche, kochte auf einem Kanonenöfchen im Zimmer. Als nach dem Krieg Kurgäste eine Bleibe suchten, bot das der Mutter die Gelegenheit zum Aufbessern der Witwenrente – und dem unters Dach ausquartierten Sohn ein gutes Argument, um recht viel unterwegs zu sein. Dennoch sei er behütet aufgewachsen, betont Gräter. Die Mutter trug Sorge, dass er vom Stadtklatsch möglichst wenig mitbekam.

Deshalb hat Gräter auch erst recht spät und von seiner Mutter erfahren, dass sein eigentlich völlig unpolitischer Vater, im Brauereibereich als Vertreter für Kühlgeräte unterwegs, einmal in Ostheim seinem Herzen Luft gemacht hatte. Prompt hatte man dem Gauleiter das »Vergehen«, über die Nazis zu schimpfen, hinterbracht. Die von der Gauleitung angeordnete Festnahme folgte auf dem Fuße. Im rosafarbenen Gefängnisturm beim Finanzamt wartete der Vater auf die Verbringung ins Arbeitslager im Welzheimer Wald. Auf dem Badweg spazierte die mit ihm schwangere Mutter auf und ab, hoffend, dass der Inhaftierte sie aus dem Gefängnisturm wenigstens sehen könne. Kahl geschoren kam der Vater nach wochenlanger Arbeitslagerhaft zurück – und sprach nie ein Wort darüber.

Dass sich beim Spaziergang durch den Hofgarten bei dem Bericht leiser Zorn in Gräters Stimme mischt, liegt nicht an unbewältigter Familienvergangenheit. Ihn ärgert vielmehr, dass dieser Turm wie vieles dem Modernisierungsrausch der 60er- und 70er-Jahre zum Opfer fiel. Noch weniger verschmerzbar ist für ihn die radikale Abholzung der kerngesunden herrlichen Kornelkirschenhecke zwischen Grabenbrücke und Bahnübergang. Und fast schon schändlich sei auch die Altstadt-Möblierung: »Können Menschen denn keine freien Plätze mehr ertragen?« In wunderschönen Sätzen und Wortbildern hat Gräter die Schönheiten eingefangen; nicht hinnehmen mag er weitere Zerstörungen des Gassenbildes und immer greller

Den wunderbaren Ausblick genießt der Autor selten: Die Schreibstube lockt!

und heller werdende Werbeflächen. Gern hat er sich deshalb dem Beirat des 2010 gegründeten Vereins *Bürgerforum Stadtbild Bad Mergentheim* angeschlossen. Die mittlerweile rund 130 Mitglieder fordern eine Erhaltungs- und Gestaltungssatzung, die Abrissen ohne zuvor gründlich diskutierte, dem Stadtbild angepasste und genehmigte Neubauplanungen einen Riegel vorschieben soll. Mergentheim, das als Lazarettstadt vor Bombenzerstörungen verschont geblieben war, könne mit dem Pfund des Erhaltenen doch nur gewinnen.

Der Vater hat die Veränderungen nicht mehr miterlebt. Eines der wenigen Erinnerungsbilder, die Gräter neben den fünf geerbten Büchern noch vom Vater hat, stammt aus der Kriegszeit. Noch sieht er vor sich, wie der Vater müde im Sessel saß, nachdem die Mutter den Fronturlauber erst einmal in die Badewanne gesteckt hatte; wie liebevoll sie ihm das Haar wusch mit Eigelb, die Nägel feilte. Es dürfte die letzte Begegnung der Eheleute gewesen sein.

Nach dem Abitur wäre Gräter am liebsten direkt zur Zeitung gegangen. Kontakte gab es längst, auch erste Arbeitserfahrungen. Gemeinsam mit Heinz Hemming, der später beim ZDF reüssierte, füllte Gräter die monatliche Jugendseite der *Tauberzeitung* unter wechselnden Pseudonymen. Und *Main-Tauber-Post*-Redakteur Hubert Schray hatte ihn ebenfalls gleich nach dem Abitur als seinen Lokalvertreter engagiert. Die größte Hürde für ihn war das Telefon: Er war den »drahtlosen« Weg der Kommunikation gewöhnt. Das gebe es ja heute wieder – aber was werde da nicht alles geplappert. Die Mutter widersetzte sich dem Ansinnen, gleich bei der Zeitung einzusteigen: Erst wird studiert! Geschichte – was denn sonst, wenn einer schon im

Grundschulalter die Buchstaben alter Grabsteine und die verschnörkelten Epitaphe in Kirchen zu entziffern sucht – Germanistik, Geografie studierte der in diesem Punkte folgsame Sohn in Würzburg, Göttingen und Heidelberg. In seiner Dissertation setzte Gräter sich mit Theodor Barths politischer Gedankenwelt auseinander. Freie Mitarbeit in der regionalen Tagespresse – schließlich gibt es ja auch Semesterferien – finanzierte das Studium. Per Fahrrad – Vorkriegsware! – war Gräter dann im ganzen Altkreis Mergentheim unterwegs. Terminjournalismus, Interviews, Reportagen: Eine gute Schulung war's, sagt er, zumal er, der Mehrfachvermarktung wegen, von Kurzmeldung bis zur großen Reportage diverse Fassungen gestaltete. Das verhalf zur ersten Festanstellung, die auf eigenen Wunsch die einzige bleiben sollte. Gräter lockte die Welt. Mit Rucksack, Schlafsack und gerecktem Daumen ging es durch Südeuropa und den Maghreb, später auf mehreren Orientfahrten bis ins nördlichste Afghanistan. Es zog ihn immer wieder fort aus Mergentheim. Als Wohnstationen nennt er Lauda, Würzburg und Schweinfurt. Es zog ihn immer wieder zurück: seit 2009 ist Gräter wieder Dauerbürger in seiner Vaterstadt. Einst formulierte er beim Blick über den Marktplatz: »Fachwerk trägt einen Hauch Wald in das steinern kühle Geviert.« Einst hätte er am liebsten den Häusern Rufnamen gegeben. Heut', sagt er, könnt' er's nicht mehr. Schade. Vielleicht tut er es doch – bei Nacht, im Traum.

CARLHEINZ GRÄTER
ECKHAUS AM MARKTPLATZ
97980 BAD MERGENTHEIM
WWW.STADTBILD-MERGENTHEIM.DE

7

Ein deutscher Dichter, fast privat

Alice Ehrmann-Pösch lädt ins Mörike-Kabinett

Alice Ehrmann-Pösch ist Margarethe Mörike – manchmal. Die Plakette mit dem komischen Typen mit den hängenden Mundwinkeln gab ihr als Kind zu denken, und ebenso diese uralte Locke Mörikes, die der Klasse im Deutschordensmuseum gezeigt wurde. Seltsam, dass die Locke dieses schon so lange toten Mannes immer noch aussah, als sei sie erst vor ein paar Stunden abgeschnitten worden. Dass sie eines Tages als Margarethe Mörike ins Dichterkabinett im Deutschordensmuseum einladen würde, hatte sich die Kunsthistorikerin auch noch während ihres Studiums in Würzburg und Wien nicht träumen lassen. Doch wer schon als Kind im Abenteuerspielplatz Schloss herumschlich, den Schlossgraben als Spielplatz nutzte und sich nach Studienabschluss im *Arbeitskreis Museumspädagogik* engagiert, der schlüpft für Sonderführungen schon mal in eine andere Haut.

Sie führt in ein Eckzimmer des Museums. Im Dämmerlicht – montags ist das Museum geschlossen, hell ist's nur, wo gearbeitet wird – steht sinnierend in sich versunken eine Gestalt am Fenster, den Rücken zum Raum. So sollen, heißt es, Mergentheimer Bürger vom Marktplatz aus den Dichter oft gesehen haben. Entwurf und Guss der sinnenden Dichterfigur gestaltete der Laudenbacher Bildhauer Leo Wirth. Er muss die Mörike-Pose der Archetyp-Figur eines Dichters gut getroffen haben: Die Verhältnisse in der Wohnung am Marktplatz 7 gestalteten sich nicht spannungsfrei. Über knappe Finanzen berichtet das Haushaltungsbuch, das Mörikes Tochter Fanny 1904 der Städtischen Altertumssammlung, dem Vorläufer des Deutschordensmuseums, schenkte. Es verzeichnet allerlei Arzneikäufe: Mörike kränkelte. Dazu trug wohl auch bei, dass ausgerechnet die beiden Menschen, die ihm am nächsten standen, der aufkommenden Liebelei mit der katholischen Offizierstochter Margarethe Speeth skeptisch gegenüberstanden. »Klärchen, Mörikes jüngere Schwester, wurde später eifersüchtig auf Gretchen«, berichtet Alice Ehrmann-Pösch über die angehende Schwägerin ihres Alter Ego. Man lebte eine Art »Ehe zu dritt« – auch heute schwierig. Für Mörikes »Urfreund« seit Studientagen, Wilhelm

Größter Mörike-Schatz in seinem Kabinett ist das Haushaltungsbuch

Hartlaub, inzwischen evangelischer Pfarrer in Wermutshausen, war die Liaison des evangelischen Pfarrers a. D. mit der spirituell veranlagten Katholikin ohnehin ein Fauxpas. Wie mag er kommentiert haben, dass Margarethe eines Nachts Weihwasser in Richtung der darunter wohnenden Geschwister sprengte, und Mörike sich anderntags fragte, was ihn so nasskalt kurz vor Mitternacht aus dem Schlaf gerissen hatte.

Dabei war in der Mergentheimer Kur 1837 alles so schön gewesen: Kaum angekommen, hatte Mörike »mehrere Empfänglichkeit und Heiterkeit des Herzens« verspürt. »Die Gegend ist reizend und fröhliche Leute umher«, ließ er seinen Verleger Hermann Kurz wissen. Hund Flori, der gemeinsam mit den Geschwistern im erst acht Jahre jungen Kurbad weilte, hatte wohl viel zu erschnuppern in Wald und Feld.

1844 kamen die Geschwister Mörike erneut, diesmal als angehende Mergentheimer. Den ungeliebten Pfarrdienst hatte Mörike quittiert, anschließend erst in Wermutshausen, dann in Schwäbisch Hall Heimat gesucht. Schöne Erinnerungen an den Kuraufenthalt und die Nähe zu Hartlaub lockten zum Umzug. Über die ersten Wohnungen am Boxberger Tor in der Mühlwehrstraße findet Mörike kein lobendes Wort, erst ein halbes Jahr nach der Ankunft war Besserung in Sicht: Die Mörikes mieteten sich bei der Familie des Oberstleutnants a. D. Valentin von Speeth ein, kümmerten sich nach dessen Tod liebevoll um die von der Pflege erschöpfte Tochter, die Mörike 1851 trotz konfessioneller und freundschaftlicher Widrigkeiten in der Schlosskirche zum Traualtar führte.

Obwohl ihn der Kulturverein und Lesezirkel *Mergentheimer Museumsgesellschaft* zum Ehrenmitglied gewählt hatte, trotz der Nähe zu Hartlaub und freundschaftlichen Kontakten zum Wachbacher Pfarrer Ottmar Schönhuth und dem Freiherrn Carl Joseph von Adelsheim zog das junge Paar aus finanziellen Erwägungen nach Stuttgart. Waren sie glücklich? Am ehesten wohl als Verlobte, mutmaßt Alice Ehrmann-Pösch. 1873 trennten sich die Eheleute, Margarethe zog in die Heimatstadt zurück, wo sie drei Jahre später ihre Tochter Marie beerdigen musste. In einem ergreifenden im Mörike-Kabinett erhaltenen Brief berichtet sie über den qualvollen Schwindsucht-Tod der erst 19-jährigen Tochter. Es mag ein Trost gewesen sein, dass sich das Ehepaar ein Jahr zuvor an Mörikes Sterbebett noch ausgesöhnt hatte.

Anrührend im 2004 eröffneten von Maike Trentin-Meyer konzipierten und von Helmuth Zebhauser gestalteten Mörike-Kabinett sind etliche Originale aus Mörikes Erbe: die Schnupftabakdose etwa, ein Geschenk von Herzensfreund Hartlaub, Bleistift und Federkiel des Dichters, die Haarlocke natürlich, die Alice Ehrmann-Pösch als Kind irritierte, selbstverständlich das Haushaltungsbuch. Anstiftend ist das Mörike-Kabinett ebenfalls: Es ist die Keimzelle der von Ulrich Rüdenauer kuratierten Veranstaltungsreihe *Literatur im Schloss*, die zeitgenössischen Autoren und Literaturfreunden auch im heutigen Bad Mergentheim eine geistige Heimatadresse gibt.

MÖRIKE-KABINETT
IM DEUTSCHORDENSMUSEUM
BAD MERGENTHEIM
SCHLOSS 16
97980 BAD MERGENTHEIM
WWW.DEUTSCHORDENSMUSEUM.DE/MUSEUM/MOERIKE-KABINETT

8 »Das vergiss nicht« – »5 Prozent fehlen«

Hartwig Behr erinnert im Schlosshof an die jüdische Historie

Hartwig Behr hat der Beruf aus der schleswig-holsteinischen Heimat ins Taubertal geführt. Jetzt streift er oft mit Besuchern, die sich auch auf die düsteren Kapitel der Mergentheimer Geschichte einlassen wollen, durch die Stadt. Er führt dahin, wo einst jüdische Mitbürger die Stadt mit prägten. Kurze Streiflichter wirft er auf düstere Kapitel, die innerhalb weniger Jahre zerstörten, was zuvor gewachsen war an Gemeinschaft.

Vom besonderen »Geist der Toleranz« hatte im Februar 1840 die *Allgemeine Zeitung des Judentums* anlässlich der Einweihung der erweiterten Synagoge berichtet – eine Feier, an der neben Vertretern der Stadt auch Geistliche der verschiedenen Konfessionen und viele christliche Bürger teilnahmen. Während einer Renovierung des Bethauses 1912 überließ das katholische Stadtpfarramt trotz einzelner kritischer Stimmen der jüdischen Gemeinde den Saal des katholischen Frauenvereins zum Abhalten des täglichen Gottesdienstes.

Noch Bezirksrabbiner Moritz Kahn, der hier von 1910 bis zur Emigration 1939 Dienst tat – in der Pogromnacht 1938 war er schwer misshandelt worden –, berichtete in diversen Zeitungen, dass ein frommer Jude im judenfreundlichen Kurgastort Mergentheim alles habe, was er brauche. 1926 schwärmte ein jüdischer Kurgast von jüdischer Konditorei, zuverlässiger koscherer Wursterei, jüdischen Kurärzten und jüdischer Gastfreundschaft im Hotel Fechenbach und den über 70 jüdischen Familien, die sich mit der Mesusa am rechten Eingangspfosten offen als Juden zeigen. Auch 1936 fanden jüdische Kurgäste noch gute und passende Unterkünfte bei ebenfalls jüdischen Pensionswirten. Auch Sara Gerstner führte da noch ihre koschere Gaststätte mit Hotel, wo hiesige jüdische Bürger und Kurgäste gern einkehrten.

Die Synagoge steht nicht mehr. Baruch Simon, der vom Deutschen Orden aus der Komturei in Neckarsulm als Hoffaktor nach Mergentheim geholt worden war, hatte sie in seinem Hof in der Holzapfelgasse 15 bauen lassen. Die endgültige Baugenehmigung wurde im September 1762 erteilt, 1836 erfolgten Renovierung und Erweiterung. Links, erläutert Behr den während des Buch-Gesprächs zufällig hin-

Mitten im Schlosshof ist der Blick frei auf die Standorte der einstigen Bad Mergentheimer Schaltstellen der NS-Diktatur

zukommenden Tagesgästen in Bad Mergentheim, stand das Schulhaus, mittig das sogenannte Rabbinerhaus. Beim Pogrom 1938 wurde in Synagoge und Schule gezielt zerstört und geschändet: Kein Fenster war mehr heil, in der Schule wurden Harmonium, Bänke, Bücher und Hefte zerstört, in der Synagoge Lampen und Leuchter zerschlagen, der Toraschrein mit Schweineblut beschmiert, die Mikwe als Kloake missbraucht. Vor Brandstiftung wie andernorts schreckten die Täter zurück: zu leicht hätte in der engen Altstadt das Feuer überspringen können auf benachbarte *arische* Gebäude. 1943 erwarb ein Kinobesitzer das Gebäude, im Mai 1945 erhielt der amerikanische Militärrabbiner Kahane den Synagogenschlüssel. An der Wiedereinweihung der einige Jahre von jüdischen US-Soldaten und in der Region um Bad Mergentheim gestrandeten jüdischen DPs genutzten Synagoge nahmen neben Vertretern jüdischer Vereinigungen und der christlichen Konfessionen, dem Ministerpräsidenten von Nordwürttemberg-Nordbaden Reinhold Maier und der Witwe des ehemaligen Reichspräsidenten Ebert auch hochkarätige Kurgäste teil – unter anderem Ex-Zar Ferdinand von Bulgarien. Da sich keine neue jüdische Gemeinde etablierte, wurde das Gebäude 1949 an die jüdische Vermögensverwaltung übertragen, die es noch im gleichen Jahr an eine örtliche Firma verkaufte. Die nutzte den Bau als Lager. 1957 kaufte das katholische Bistum Rottenburg das Areal und veranlasste den Abbruch der ehemaligen Synagoge, ehe Grundstück samt Rabbinerhaus als Schenkung an die Franziskanerinnen von Siessen ging. Das Rabbinatsgebäude stand bis 1975. 1988 ließen die Siessener Schwestern den Türbogen des ehemaligen Rabbinats und das ursprüngliche Türgitter in die Vorderfront der St.-Bernhard-Realschule einbauen. Über die bronzene Gedenktafel hat sich Behr schon manches Mal geärgert: Dass sie zweimal gegossen werden musste, weil sich im Erstguss ein Kardinalsfehler fand. Der Halbsatz des Chassidismus-Begründers Baal Shem Tow spricht von Erinnerung als dem »Geheimnis der Erlösung«, und eben nicht dem »der Vergebung«. Der zweite Guss berichtigte, blieb dennoch fehlerhaft: Die Synagoge stand eben nicht ab 1658, und sie war nie Synagoge einer ehemaligen, sondern die einer damals höchst lebendigen Gemeinde.

Schaut hier ein Lehrer überkritisch hin? Eher nicht: Er macht nur aufmerksam auf fehlende Achtsamkeit. Ist nicht gerade dieses Fehlen immer wieder Verursacher übler Entwicklungen? Als Lehrer – Behr unterrichtete ab 1971 dreieinhalb Jahrzehnte am Deutschorden-Gymnasium Geschichte, Deutsch, phasenweise auch Mathematik und Philosophie – hat er seinen Schülern und Schülerinnen genaues Hinschauen und gründliches Nachdenken vorgelebt. Weil er sich als Geschichtslehrer nicht damit zufrieden gab, nur Daten, Fakten und Theorien zu präsentieren, sondern auch die Sinne ansprechen wollte, machte er sich mit ihnen auf den Weg – auch zu den Schauplätzen jüdischer Geschichte in ihrer Umgebung.

In Mergentheim und Umgebung erlebte Behr, der reichlich gut recherchiertes Material über die Geschichte der jüdischen Gemeinden publizierte, anfangs noch häufig Abwehr. Erst in der Enkelgeneration wurden die Gespräche offener, auch wenn sich noch immer nicht jeder Nachkomme von Tätern oder Mitläufern zu dunklen Flecken in der Familiengeschichte bekennen mag. Behr selbst hält es da anders, gräbt

Die Gedenktafel in der Holzapfelgasse mahnt zur Erinnerung

auch nach, wo Spuren in der eigenen Familie auftauchen. Die Werkzeuge dazu sind ihm ja aus zahllosen Recherchen in Staats-, Landes-, Stadt- und Kirchenarchiven bestens vertraut.

Wenn Behr eine Spur vermutet, bleibt er am Ball. Das führte ihn zu jüdischen Steuerakten im Bad Mergentheimer Finanzamt. Dass der Bestand – annähernd drei laufende Meter Aktenmaterial – noch existiere, glaubte keiner: Das NS-Regime hatte noch kurz vor der Niederlage mit dem Befehl »Nero« dafür Sorge getragen, dass den Kriegsgegnern keine Akten in die Hände fallen würden, die die Verbrechen des Dritten Reiches belegen könnten. Dass diese Akten, die, verfolgt man die in den Jahren von 1924 bis 1944 angelegten Akten einzelner Steuerzahler, beklemmend genau dokumentieren, wie die jüdischen Bürger immer weiter ausgepresst wurden, erhalten blieben, könnte absurderweise ausgerechnet die Folge extremer NS-Parteitreue sein: Der zuständige Finanzbeamte kam, wie Behr vermutet, wohl nicht »rechtzeitig« von einer Partei-Fortbildungsveranstaltung zurück.

Die Akten wieder führen zu den Menschen: Fast 100 jüdische Bürger aus der Kurstadt und den Teilorten Edelfingen, Markelsheim und Wachbach wurden vom Mergentheimer Bahnhof aus deportiert. Das weltliche Zentrum der jüdischen Bürger, die in Bad Mergentheim nicht in einem Getto lebten, lag rund um den Gänsmarkt: von jüdischen Bürgern glänzend aufgebaute und geführte Geschäfte, Praxisräume, Hotels und Gaststätten waren hier und auch in der Burgstraße zu finden. Etliche Häuser stehen noch, werden teilweise noch ähnlich genutzt wie vor Beginn der NS-Zeit. Das geistliche Zentrum lag im Umfeld der Synagoge in der Holzapfelgasse.

Seit 2010 erinnert unter der Überschrift »Das vergiss nicht« ein Mahnmal im Schlosshof an ihre Schicksale. Im ehemaligen Areal des Deutschen Ordens waren die Institutionen der Macht, die für die gezielte Ausplünderung, Vertreibung und Deportation verantwortlich waren, konzentriert untergebracht: Im Querbau hatte die NSDAP-Kreisleitung ihr imposantes Domizil, aus dem Landratsamt nebenan erging die Aufforderung an die Ortschaften, die »Entjudung« vorzubereiten. Schon lange im Vorfeld der Deportation mussten sich im Gerichtsgebäude jüdisch gläubige Bürger gegen ungerechtfertigte Anklagen verteidigen, Finanzbeamte unterstützten die pseudolegale Ausplünderung jüdischer Bürger und organisierten die Versteigerung der Habe von Deportierten, die von der NS-Polizei zum Bahnhof – der Vorplatz hieß damals Adolf-Hitler-Platz – gebracht und während der Transporte bewacht wurden.

Es waren Gemeinderäte, Geistliche, Mediziner, Lehrer, Künstler und Händler – einst geachtete Mergentheimer – die dann ausgegrenzt, ausgeplündert, aus ihrer Heimat vertrieben, deportiert und ermordet wurden. Seit 1987 erinnert ein Gedenkstein am evangelischen Gemeindehaus an die rund fünf Prozent der Mergentheimer Bürgerschaft, die 1945, als das Grauen durch den Sieg der Alliierten beendet worden war, in Mergentheim fehlten. Der von Günther Deeg entworfene Stein macht die Lücke sichtbar: Dem Bogen fehlt ein Stück – und das fehlende Element stellt die Frage, wie ein Gesellschaftsbogen, dem ein Teil fehlt, halten kann.

EINSTIGER SITZ NSDAP-KREISLEITUNG
ÄUSSERER SCHLOSSHOF
SCHLOSS 2
97980 BAD MERGENTHEIM

9 Facettenreich, verlockend, faszinierend

Mit Maike Trentin-Meyer das Deutschordensmuseum entdecken

Maike Trentin-Meyer – väterlicherseits Nordfriesin, mütterlicherseits Bajuwarin – erblickte das Licht der Welt in Westerland auf Sylt. Trotz des Nord-Süd-Spagats war von Geburt an klar: Heimat ist München. Dort und in Eichstätt absolvierte sie auch ihr Geschichts- und Kunstgeschichtsstudium. Die Urkunde über die erfolgreiche Magisterprüfung gehört seit 1992 zu Trentin-Meyers Vita-Belegen.

Beim Praktikum im ostpreußischen Landesmuseum in Lüneburg traf sie zum ersten Mal aufs Thema »Deutscher Orden«. Das fand sie spannend, aber dennoch zog es die Kunsthistorikerin wieder gen Süden. Helmuth Zebhauser, Kulturbeauftragter des Deutschen Alpenvereins und späterer Ehemann der Museumsdirektorin, hielt 1989 für die Einrichtung des Alpinmuseums Kempten Ausschau nach einer patenten Hilfskraft. Noch als Studentin übernahm Maike Trentin-Meyer diesen ersten Job. München, von 1911 bis zur Zerstörung im zweiten Weltkrieg auch Heimat eines Alpinmuseums, holte zur Neukonzeption ebenfalls den erprobten Alpenvereins-Kulturbeauftragten, der auf die bestens eingearbeitete junge Kollegin auf keinen Fall verzichten mochte. Sie folgte dem Ruf – erst als freie, später als fest angestellte Mitarbeiterin, dann als Gründungsdirektorin. Nach zehnjähriger Auseinandersetzung mit alpinen Themen fand es die Kunsthistorikerin um die Jahrtausendwende an der Zeit, sich neuen Herausforderungen zu stellen – und in Bad Mergentheim lockte mit dem Deutschordensmuseum ein Themenfeld, das sie, aller alpinen Ausflüge zum Trotz, nie so ganz losgelassen hatte.

Gefremdelt hat sie im Taubertal nicht einen Tag: Die Kurstadt wurde schnell zur Heimat, mehr noch als je Nordfriesland oder Bayern. Aus Oberbayern war sie daran gewöhnt, dass an den Wochenenden nach dem Kirchgang die Orte verwaist-verschlafen vor sich hin dämmerten. In Mergentheim war dank des Kurbetriebs auch an Wochenenden ein Stadtbummel mit Straßencafébesuch möglich. »Unglaublich lebendig«, fand sie das und erstaunlich weltläufig. Kein Wunder: Schließlich war die Deutschordensstadt ja lange Zentrale

Prachtraum: Der Kapitelsaal der ehemaligen Residenz des Deutschen Ordens

einer Organisation, zu der Vertreter aus aller Welt kamen und aus der Vertreter in alle Welt geschickt wurden. »Das brachte einen bis heute spürbaren Geist nach Mergentheim«, urteilt sie. »Mergentheim gehörte seinerzeit wohl mit zu den modernsten Städten«, sagt sie und verweist auf die bereits früh gut ausgebauten Hygiene- und Hospitalitätsstrukturen. »Der Orden war dank europaweiter Vernetzung ein früher Global Player«, urteilt die Wissenschaftlerin. Der Mergentheimer Archivbau gilt als einer der ersten deutschen Archivbauten. Dass Lorenz Fries, der aus der modernen Deutschordensstadt Mergentheim stammende Magister, in Würzburg die Hohe Registratur geschaffen hat, nimmt angesichts der Weltverflechtung seiner Heimatstadt kaum noch wunder.

Der so seit Ordenszeiten zur Tradition gewordenen Weltoffenheit gaben Kur und Gesundheitswesen, in jüngster Zeit natürlich auch der Campus der Dualen Hochschule immer wieder neue Impulse. Die dichte Nachbarschaft zur Wissenschaft – die Hochschule teilt einige Wände zwischen den Schlossflügeln mit dem Museum – passe perfekt, findet die Museumschefin, auch wenn man, von Hochschulveranstaltungen im Schloss und Museumsbesuchen von Studierenden und Dozenten einmal abgesehen, eher wenig miteinander zu tun habe.

Rund 50 Menschen gehören zum Museumsteam: Vier hauptamtliche Mitarbeiter, dazu ein großes Set begeisterter Ehrenamtler und Minijobber sorgen dafür, dass alles glatt läuft im auf drei Etagen verteilten Museum, das im Südwestbereich der imposanten Gesamtanlage des Schlosses untergebracht ist. Der Museumsverein verfügt wie die Verwaltung über eigene Räumlichkeiten.

Keimzelle des Museums ist die *Adelheim'sche Altertumssammlung*: Freiherr Carl Joseph von Adelsheim hatte 1864 seine Sammlung der Stadt vermacht. Ein Rathauszimmer war das erste Domizil der Sammlung, die neben Kunsthandwerk, Exotika und Curiosa mittelalterliche Skulpturen, Tafelmalerei und Fayencen umfasste. 1927 zog die durch Zustiftungen gewachsene *Städtische Altertumssammlung* um in fünf Räume im zweiten Schloss-OG, ein Jahr darauf wurde mit Oberpostmeister Karl Fleck der erste ehrenamtliche Museumspfleger bestellt, 1930 gründete sich der *Bezirksheimatmuseums-Verein*, der sich unter anderem der Pflege der Heimatkunde und Sammlung geschichtlicher und naturkundlicher Objekte widmete. Wer einen Verein zur Seite hat, lässt diesen gern auch mal die Arbeit machen: Zu treuer Pflege und zu treuen Händen ging die Altertumssammlung an den Verein. Man sammelte mit Eifer. Flecks Nachfolger Edwin Beyer musste bereits – erfolgreich! – zusätzliche Räume fordern. Auf Beyer folgte ab Ende 1950 Karl Heck, der mit der 1961 erfolgten Eröffnung des Deutschordensmuseums einen zentralen neuen Akzent setzte. Nach Renovierungspause und Überarbeitung übernahm 1969 mit Amtsgerichtsdirektor Fritz Ulshöfer der vierte Museumspfleger das Amt. Die neu hinzugekommene Puppenstubensammlung entwickelte sich neben Kapitelsaal und der bis 1983 sanierten und mit höfischem Mobiliar und Hofmeisterporträts ausgestatteten ehemaligen Hochmeisterwohnung zum Publikumsmagneten. Inzwischen wird das ab 1989 großzügig sanierte und erweiterte Museum seit 1991 von einer GmbH betrieben, in der sich zum Museumsverein und der Stadt Bad Mergentheim auch das Land Baden-Württemberg und der Main-Tauber-Kreis gesellten. Auf dieser Basis konnte das überregional ausstrahlende Museum professionalisiert werden: Als erster hauptamtlicher Leiter und zugleich GmbH-Geschäftsführer stieg 1991 Albert Boesten-Stengel ein, 1996 folgte Regina Hanemann, seit 2000 leitet Maike Trentin-Meyer als dritte Kunsthistorikerin der Riege das Museum.

Mit der Einrichtung des Mörike-Kabinetts und der Museumsabteilung »Vor 4.500 Jahren. Im Taubertal zuhause« – eine Initiative

Die Berwart-Treppe ist ein architektonisches Kleinod

des Museumsvereins, die Maike Trentin-Meyer gern beratend begleitete – hat die Museumsdirektorin deutliche Marken gesetzt, weit über die Deutschordens-Abteilung hinaus. Mit ausgefeilten Jahresprogrammen, vielfältigen Sonderausstellungen, Kooperationen mit Schulen, einem Workshop-Programm für Kinder und Jugendliche, Sonderführungen für Senioren und Menschen mit Handicap, dem Museumskaffeeklatsch und den Kostümführungen – die Marktfrau Katharina Lesch alias Kätherle, die Türmerin Franziska Dermühl, Margarethe Mörike, Magister Lorenz Fries und Hochmeister Eugen von Österreich führen durch Schloss und Stadt – spricht das Museum unter Trentin-Meyers Leitung immer wieder neu ganz unterschiedliche Zielgruppen an. Selbst den Kindergeburtstag kann man im Museum feiern – und der Veranstaltungsbereich mit Rotem Saal, Götterzimmer und dem dazwischen liegenden weitläufigen Foyer ist für offizielle und private Anlässe anmietbar. Bis zu 50 externe Veranstaltungen jährlich finden hier statt, Nutzer sind neben Firmen und Privatveranstaltern insbesondere auch die Kommune und die Duale Hochschule.

»Ein ganz zentraler Publikumsmagnet sind die Sonderausstellungen«, berichtet die Museumsleiterin. Da gab's für Kunstfreunde die *Jungen Wilden* aus der Sammlung Würth und *Kunst in der DDR* mit Leihgaben aus der Berliner Nationalgalerie. Für Donald-Duck-Fans wurde 2009 die *Duckomenta* nach Bad Mergentheim geholt, Fans indianischer Lebensart trafen im Schlosshof echte Indianer und bei der Begegnung mit Tieren der Eiszeit leuchteten nicht nur Kinderaugen. Mit Etablierung der Reihe *Literatur im Schloss* und den Museumskonzerten steuert die Einrichtung wesentliche Impulse zum gesellschaftlich-kulturellen Leben der Kurstadt bei. Die Strahlkraft wächst – auch die der in steter Entwicklung befindlichen Deutschordens-Abteilung, der das Museum seinen Namen verdankt. Die letzten 200 Jahre Ordensgeschichte hat das Museumsteam aufgearbeitet, entstaubt, gegen den Strich gebürstet. Maike Trentin-Meyers Augen strahlen, wenn sie – leider viel zu selten – durch die einst fürstlichen Gemächer streift. Die Faszination des Themas liegt für sie, die 2014 zur Familiarin (Laienmitglied des Deutschen Ordens) berufen wurde, auch darin, mit alten, durch nationale und nationalsozialistische Propagandaabsicht entstandenen Fehleinschätzungen aufzuräumen. Ohne die Basis von friedlicher Koexistenz und den Austausch von Waren und Wissen hätte der Orden nie so lange auf einer so großen Fläche wie Preußen Bestand haben können, sagt sie. Die herausfordernde Aufgabe, das irrige Bild zurechtzurücken, dürfte die Museumsleiterin noch für eine geraume Zeit beschäftigen.

DEUTSCHORDENSMUSEUM
BAD MERGENTHEIM
SCHLOSS 16
97980 BAD MERGENTHEIM
WWW.DEUTSCHORDENSMUSEUM.DE

Helmut und Luitgard Frauenberger im Münsterschatz-Museum

Hinter einem unscheinbaren Seitentürchen außen am Chorbau des *Münsters St. Johannes* windet sich eine enge Treppe hinauf zur *Eck'schen Kapelle.* 1607 wurde der gut neun mal fünf Meter große, sechseinhalb Meter hohe Raum als Hochmeisterkapelle über der Sakristei gebaut. Renaissancepfeiler stützen reich ausgemalte Gewölbe. Geduldige Besucher mit Engelsfaible können hier über 100 der himmlischen Begleiter entdecken. Meist aber fällt der Blick zunächst auf Gold und Silber: In Glasvitrinen glänzt der Münsterschatz.

Dass dieser Schatz zu sehen ist, ist zum großen Teil dem Engagement von Helmut Frauenberger und seiner Frau Luitgard zu verdanken. Der Wiener ist Jahrgang 1943, Bad Mergentheimer ist er seit 1984. Die Wahl war gut: Hier fand er nicht nur sein Liebes- und Lebensglück, sondern im *Münster St. Johannes* jenseits seines mit Leidenschaft ausgeübten Berufs als Goldschmiedemeister, Silberschmied und Gemmologe eine zweite Lebensaufgabe. Zu der kam er auf vorsichtige Anfrage des damaligen Dekans Günther Appold. Dieser war auf der Suche nach einem zumindest grob mit der Materie Sakralkunst vertrauten Menschen, der sich der in einem kleinen Sakristeikämmerchen untergebrachten kirchlichen Gerätschaften annehmen könnte. Frauenberger hat eine besondere Beziehung zum Sakralen: Geraume Zeit stellte er sich als junger Mensch sogar die Frage, ob nicht die Theologie seine eigentliche Berufung sei.

Auch deshalb blieb ihm regelrecht die Spucke weg, als er zum ersten Mal einen Blick in die verliesartige Kammer warf, in der an die 40 Objekte – uralte Monstranzen, Kelche, Kreuze und Reliquien – teilweise aufeinander standen. Dekan und Goldschmied schalteten den Kirchengemeinderat ein, stellten grob vor, was da zu bergen und zu restaurieren sei. Das Thema packte Frauenberger, der zum engagierten Fürsprecher einer Münsterschatz-Ausstellung in der *Eck'schen Kapelle* wurde. Im Auftrag des Kirchengemeinderats fotografierte er – Grundlage für die weitere Arbeit – die Stücke,

Der Münsterschatz präsentiert sakrale Geräte aus fünf Jahrhunderten

zog Experten zu Rate und setzte gemeinsam mit Ehefrau Luitgard zu spannenden Archivrecherchen an. Dass es sich um einen sehr alten liturgischen Bestand mit engem Bezug zu Priestern des Deutschen Ordens handeln musste, war klar. Ein kleiner Kelch, der mehr nach einem Trinkgefäß als nach einem Abendmahlskelch aussah, zog immer wieder den Blick des Goldschmieds auf sich. Eigentlich schien das nur knapp 16 Zentimeter hohe Objekt zu klein für einen Messkelch. Zinnlötungen an Fuß, Knauf und Becherboden fielen Frauenberger auf, dazu Risse am Trinkrand der Cuppa, wie der Kelch fachgerecht heißt. Zur Begutachtung zog man einen hoch spezialisierten Metallrestaurierungs-Fachbetrieb aus Regensburg hinzu, dem recht schnell die Identifizierung der zwei winzig kleinen Markierungen gelang, die sozusagen Signatur des Meisters sind: Die Stadt- und Meistermarkierung verwies auf den Augsburger Meister Martin Dumler. Der stammt, wie Folgerecherchen in Goldschmiedelisten ergaben, aus Donauwörth und dürfte ums Jahr 1564 geboren sein. Das Würzburger Diözesan-Archiv ergänzte Wissen zu Stifter Johann Hutzelin. Der war seinerzeit evangelischer Titularabt der Abtei Hirsau im Schwarzwald. Das Rätsel um den kleinen, wunderhübsch schlicht gearbeiteten und aufwendig gepunzten kleinen Kelch ist ein Stück weit gelöst: Es muss sich um einen sogenannten »Laienkelch« gehandelt haben, ein Abendmahlsgefäß, wie es phasenweise in evangelischen Gemeinden zum Einsatz kam. Kirchengeschichte, beinahe zum Anfassen. Über welche Wege der Kelch zum Münsterschatz gelangte, ist derzeit allerdings noch ungeklärt.

Für die Regensburger Fachleute war inzwischen klar, dass nicht nur dieser Kelch, sondern auch etliche weitere Objekte aus dem Sakristeikämmerchen kunsthistorisch hochwertig sind: So weisen die große gotische Monstranz aus dem Jahr 1509 und das noch etwas ältere, auf 1482 datierte gotische Vortragekeuz figürliche Beziehungen zu Riemenschneider auf. Auf die uralte Herkunft der Mergentheimer Kirchenschätze hatte bereits 1934 die Pfarrchronik verwiesen, nachdem im Stadtarchiv Aufzeichnungen auf den Schweden 1638 abgerungenen Freikauf der Kleinodien aufgetaucht waren. Schon im entsprechenden Vertrag ist die Rede von der Monstranz des Würzburger Meisters Claus Schmidt. Und 1892 hatte die Würzburger Werkstätte zur Herstellung von Kirchengeräten eine Restaurierung des Vortragekreuzes vorgenommen, das zuvor in mehrere Einzelteile zerlegt in einem Kasten der Pfarrkirche gelegen hatte.

Die Frauenbergers können über Gold und Silber manches sagen: dass sämtliches bislang auf Erden gefundene Gold zusammen einen Würfel von 17 Metern Kantenlänge ergäbe, dass Gold so viel Elastizität besitzt, dass sich aus nur zehn Gramm zumindest theoretisch ein spinnwebfadendünner Draht von glatt 25 Kilometer Länge oder eine dreieinhalb Quadratmeter große hauchdünne Goldfolie machen ließe. Doch viel lieber erzählen sie vom Münsterschatz und den vielen kundigen Meistern, die vor Jahrhunderten die Schätze gestaltet haben.

MÜNSTERSCHATZ-MUSEUM
MÜNSTER ST. JOHANNES BAPTIST
KIRCHSTRASSE
97980 BAD MERGENTHEIM
WWW.ST-JOHANNES-MGH.COM

Altes
Rathaus
Bad Mergentheim
Tourist-Information
vhs
Volkshochschule

11 Stadt-, Markt- und Rechtsgeschichten

Lydia Lauer startet als Kostümstadtführerin am Alten Rathaus

Wenn man mit Lydia Lauer durch Bad Mergentheim streift, kommt man nur langsam voran. Alle paar Schritte findet sich jemand, der nur zu gern auf ein Schwätzchen stehen bleibt. Kein Wunder: Die Herzlichkeit, mit der sie auf die Menschen zugeht, bezaubert. Oft sieht man die ehemalige Verwaltungsmitarbeiterin im bunten Rock. Dann ist die Mittsiebzigerin als Kostümführerin im Einsatz und weiht als »Marktfrau Katharina« Gäste in die Geheimnisse der Kurstadt ein.

Die interessierten sie selbst schon immer – und als sich in den 90er-Jahren die Möglichkeit bot, ins Team der Museums- und Stadtführer einzusteigen, überlegte sie nicht lange. Lydia Lauer vertiefte sich in Daten und Fakten. Etliches hatte sie schon in den Jahren zuvor als Verwaltungsangestellte im Rathaus, im Polizeikommissariat und der LVA aufgeschnappt und teilweise miterlebt, etwa die Zeit, als die Stadtpolizei noch im Alten Rathaus ihren Amtsraum hatte. Die Arrestzelle dort – ebenfalls im Erdgeschoss untergebracht – war bereits vor ihrer Tätigkeit wegmodernisiert worden, doch hinter welchem der vergitterten Fenster des alten Rathauses Halunken auf weitere Behandlung warteten, ist ihr noch bestens vertraut, ebenso wie manche Geschichte über hier vorübergehend einsitzende Randalierer und Übeltäter. Auch noch weit ältere Erinnerungen haben sich in die Gegenwart durchgeschlichen, anfangs wohl nur vertraulich unter dem Siegel strengster Verschwiegenheit. Was von Mund zu Mund ging, wuchs sich im Laufe der Jahre zur Anekdote aus und erfreut heute Mergentheim-Besucher als heiteres Pausenzeichen zwischen historischem Zahlenwerk, Bauzeiten und einer Vielzahl von Deutschmeister-Namen.

Themen-, Kostüm- und Erlebnisführer können Geschichte und Gegenwart aus speziellen Blickwinkeln präsentieren. Wenn's um die Geschichte der einfachen Leute geht, ist die Marktfrauen-Perspektive spannend. Die Händler boten Erzeugnisse aus dem Umland feil, brachten Neuigkeiten in die Stadt und wurden beim Gespräch mit Kunden mit frischem Stadtklatsch versorgt. Keine Marktfrau, die nicht gehört hätte vom Streit der Innungsobermeister Erbacher und

Wo fühlt sich eine Marktfrau am wohlsten? Natürlich auf dem belebten Marktplatz!

Kunhäuser, der eine Chef der Schusterinnung, der andere der Messer schleifenden Zunft. Ihre Respektanreden hätten sie sich gegenseitig verweigert, und seither lägen die beiden Innungsrepräsentanten von dies- und jenseits der Burgstraße miteinander in Fehde.

Die *Marktfrau Katharina* konzipierte das Team des Deutschordensmuseums gemeinsam mit Lydia Lauer, das originelle Kostüm mit schwerem Wollfilzrock, Bluse und Schürze wurde der angehenden »Marktfrau« eigens in Rothenburg angepasst. Nur mit der vorgesehenen hübschen Haube konnte sich das »Kätherle« nicht anfreunden. Viel wohler fühlt sich die Ur-Mergentheimerin unterm zum »Deckele« umfunktionierten Spitzendeckchen.

Mitten in Alt-Mergentheim ist sie aufgewachsen und hat an manches in der Kindheit erlebte Original noch ebenso lebhafte Erinnerungen wie an Bauten oder einst idyllische Eckchen. Die längst gefällten Kastanienbäume am Mühlwehrtor sieht sie noch vor sich, lebendig ist die Erinnerung an die Kaulquappen-Beutezüge am Wehr, an begeisternde Räuber-und-Gendarm-Jagden durch die winkligen Gassen. Im Johanniterhof schiebt sich das Nachbild der längst gefallenen Zehntscheune vor die gegenwärtige Ansicht. Auch an die Not der Kriegsjahre erinnert sich Lydia Lauer – und daran, dass manche Familie nur mit Betteln über die Runden kam. Besonders blieben die mehrfach übereinander getragenen weiten Röcke der Magdalene Schneck in Erinnerung, die gern in den Hof des Großvaters kam und in der Entengasse manches Stückchen Brot für die Kinderschar ergatterte. Einmal – ob noch als Kindergartenkind oder bereits im Grundschulalter? – hat die schon damals kesse heutige Stadtführerin sich getraut, die vielen Röcke zu lupfen. »'s ist wirklich wahr: Drunter war ein Kind.« Heute lacht sie drüber – damals war sie eher erschrocken, dass stimmte, was im Ort gemunkelt wurde.

Auch so was weckt die Fantasie. Schon als Kind ersann Lydia Lauer kleine Geschichten, die heute – teilweise mit archivalisch nachweisbaren Wurzeln – ihren Führungen ganz persönliche heitere Würze geben. Wenn sie vom Nachtwächter erzählt, der aufgrund maroder Zähne nicht mehr recht blasen konnte, verschwimmen für die Gäste Dichtung und Wahrheit. Es könnte ja so gewesen sein, dass sich Bürger und Orden zusammentaten und, um nachts wieder melodischere Klänge zu vernehmen, ihm gemeinsam ein Gebiss finanzierten. Und denkbar ist natürlich auch, dass der mit neuem »Esszimmer« bedachte den kunstvollen Zahnersatz dann nach Kräften schonte; dass er dann weiter grausig falsche Töne blies, weil ihm der Zahnarzt angeraten hatte, das Gebiss nachts herauszunehmen, ist nicht belegbar, sorgt aber bei der Führungskundschaft für Heiterkeit und neue Aufnahmefähigkeit für Eindrücke, Daten und Fakten. Dass sie es schafft, Gästen etwas mitzugeben aus ihrer Heimatstadt, belegen Begegnungen mit »Wiederkommern«: Man erkennt sie – auch ohne Kostüm.

TOURIST-INFORMATION
ALTES RATHAUS
MARKTPLATZ 1
97980 BAD MERGENTHEIM

12 Von Mergentheim auf in die Welt!

Seon-Su Kim und Anna-Magdalena Bröckl auf dem DHBW-Campus

Bad Mergentheim, die Kurstadt? Schloss, Deutscher Orden, viel Geschichte – ein Studienort? Aber ja doch! Die Zeiten, als aus Schaufenstern und von Laternenmasten regelrechte Zaunpfähle mit der Mitteilung »Man geht leise heim in Bad Mergentheim!« winkten, sind längst vorbei. Die Jugend der Welt hat die Kur- und Gesundheitsstadt als Bildungsstadt erobert, als Sprungbrett für internationale Karrieren. Zu verdanken ist das insbesondere dem Mergentheimer Campus der in Mosbach angesiedelten Dualen Hochschule Baden-Württemberg, kurz *DHBW Mosbach*.

500 Studierende sind es, die sich im Hörsaal theoretisch, in Unternehmen der Region ganz praktisch und während ihrer Auslandssemester auch international warm laufen für den Erfolgsweg. Begleitet werden sie dabei vom Prorektor und Campusleiter Seon-Su Kim und der Leiterin des Campus-Auslandsamts Anna-Magdalena Bröckl. Sie ziehen am gleichen Strang: International und praxisnah soll's zugehen in den Mergentheimer Bildungshallen. Vernetzung ist das Zauberwort. Das Partnernetz ist vielschichtig geknüpft: Der Austausch von Gastdozenten mit Großbritannien, Frankreich, Südafrika, Singapur, Südkorea und den USA ist lebhaft, Hochschulen in ganz Europa, Amerika und Asien gehören ebenso zu den Partnern wie die hiesige Wirtschaft, die längst nicht mehr nur »Hidden Champions« stellt, sondern eine erstaunlich große Anzahl »Global Players« mit Niederlassungen auf allen Kontinenten. »Wir sind natürlicher Bestandteil der Region geworden«, sagt der Professor, der am einzigen im Main-Tauber-Kreis vorhandenen Hochschulstandort seit 2012 die Fäden in der Hand hält. Vernetzung und Verzahnung greifen über den eigentlichen Ausbildungsbereich hinaus: Der Campus lockt angehende Studenten aus ganz Europa mit Orientierungsseminaren, stellt sich potenziellen Austauschstudenten über internationale Konferenzen vor, unterstützt in der Region den Schüler-Erfinderwettbewerb *Kreative Köpfe* und stellt der Jugendtechnikschule Labore, Personal und Zeit zur Ver-

fügung. Natürlich will man junge Menschen für die Bildungseinrichtung und zum dauerhaften Verbleib in der Region gewinnen. Die offene Haltung gegenüber Schulen und Bildungsinitiativen ist aber auch Reaktion auf den offenen Empfang, den Mergentheim dem neuen Campusleiter bereitete, als er nach einjähriger Vakanz des Postens sein Amt antrat, berichtet Kim. Er passe hervorragend zum Campusprofil, attestieren Wirtschaftsvertreter dem Wirtschaftswissenschaftler mit industrieller Praxiserfahrung zum Beispiel als Marketing und Business Development Manager. Zuvor hatte er in Mosbach den Studiengang BWL-Industrie geleitet und das Profilfach »Industrielles Service Management« entwickelt.

Anna-Magdalena Bröckl im Auslandsamt findet für Studierende aus aller Welt Lösungen

Auslandsamt-Chefin Anna-Magdalena Bröckl telefoniert. Ein Vermieter, der »Internationals« beherbergt, tut sich gerade schwer mit seinen genüsslich schmatzenden Gästen. Muss das sein? Schmatzen, hier als Ungezogenheit verpönt, drückt in manch anderem Kulturkreis höchste Anerkennung für die Speisen aus. Es klopft, eine junge Studentin braucht Infos fürs anstehende Auslandssemester. Der Blick aus Bröckls Arbeitszimmer geht in den Schlosshof und zur Stadt. »Herrlich, oder?« Gleich um die Ecke liegt die Schlosskirche, ein Lieblingsort, denn hier klingt ihr Chor *Capella Nova* bei Auftritten ganz besonders gut. Und überhaupt: »Die Landschaft! Da muss man gar nicht erst in Urlaub fahren!« Die Aufgabe im Auslandsamt ist wie für Frau Bröckl maßgeschneidert: Nach ihrem Abi war sie als Au Pair in Paris, ehe sie sich in Jena aufs Studium konzentrierte. Deutsch als Fremdsprache, Anglistische Literatur und Französisch standen auf dem Stundenplan, anschließend ein Job als Fremdsprachenassistentin in Dublin und als Lehrerin an einer Sprachschule in Belgien. In Bad Mergentheim ist sie erste Ansprechpartnerin, wenn es ums Internationale geht, und bekommt so schnell mit, wenn ein Student Probleme hat. Vermieter, die kaum Englisch sprechen und Deutsch eher in der Dialekt-Variante: So was kann schon mal schwierig werden, weiß die fürs Internationale zuständige engagierte Frau. Als gebürtige Thüringerin musste auch sie sich erst ans hiesige Idiom gewöhnen. Dass sonntags die Geschäfte geschlossen sind, hat ein aus Singapur kommender junger Mensch noch nie erlebt. Man braucht Geduld, weiß sie. Nach eigener Großstadterfahrung ist für die Auslandsamtsleiterin nachvollziehbar, dass aus der Perspektive von Weltmetropolen die Tauberstadt ein Nest, kaum mal ein Stadtteil ist. Doch die Erfahrung zeigt, dass auch Studenten aus quirligen Megacitys es schnell genießen, hier alles zu Fuß erledigen zu können. Das Wohnheim im Schlossareal bietet langschläfertauglich kurze Wege zum Hörsaal, ermöglicht mit eigenem Fitnessraum ebenfalls auf dem Gelände den Work-out nach der Kopfarbeit, mehrere kooperierende Gaststätten unmittelbar vor den Schlosshoftoren sind als Studentenmensa zugleich Begegnungsort mit Einheimischen. Was auf den ersten Blick winzig klein und damit eng wirkt, befreit zugleich: Die Studierenden genießen das Gefühl von Sicherheit und Geborgenheit, die das kleine Hochschulstädtchen bietet.

Das Studienangebot umfasst in den Bereichen BWL und Wirtschaftsingenieurwesen Gesundheitsmanagement, Innovations- und Produktmanagement, Internationales Technisches Vertriebsmanagement und International Business. Speziell für internationale Studierende laufen ein- oder zweisemestrige englischsprachige Programme in den Feldern Business und Engineering – jeweils mit vorgeschalteten Sprach- und Orientierungskursen und der Gelegenheit, quasi nebenbei Land und Leute, Sitten und Gebräuche und ein paar Städte wie Berlin oder Köln kennenzulernen. Das Feedback aus diesem Kreis ist enthusiastisch: In der kleinen Kurstadt haben sie Freunde

»Toll war's,« jubeln Abiturienten, die sich nach Schnupperwochen ein Duales Studium in der Kurstadt gut vorstellen können

aus aller Welt gefunden, die Welt als riesengroß und bunt erlebt. Interkulturelle Erfahrungen sammeln auch Mergentheimer Studierende: Auslandssemester sind ebenso wie Praxisphasen in Firmen fester Bestandteil des Dualen Studiums made in Bad Mergentheim. Es sind Gesundheits-, Produkt- und Innovationsmanager von morgen, die hier ausgebildet werden, Wirtschaftsingenieure mit Kenntnissen im internationalen technischen Vertriebsmanagement. Im Studienfeld »International Business« ist sogar ein doppelter B.A.-Abschluss aus Deutschland und Kolumbien drin, nach einem deutschsprachigen und einem englischsprachigen Studienjahr in Bad Mergentheim und einem dritten auf Spanisch an einer Partneruniversität in Kolumbien.

Das Auslandsjahr ist ein Sprung ins kalte Wasser: War am Mergentheimer Campus der Studententag minutiös getaktet, sind in Mexiko oder Kolumbien Flexibilität und Eigenständigkeit gefragt. Umstellen müssen sich auch die »Incomings«, die Studierenden aus dem Ausland, hier auf ganztägig gefüllte Stundenpläne mit Anwesenheitspflicht. Für die »Einnordung auf Pünktlichkeit« ist schon mal Anna-Magdalena Bröckl zuständig. Aber auch das gehört zu einer auf internationale Tätigkeiten ausgerichteten dualen Ausbildung.

Eine ganz neue Idee ist Globalisierung in Wissenschaft und Wirtschaft nicht: man denke nur an die Hanse oder die Universitäten Gründungswelle im Hochmittelalter. Mit Seon-Su Kim steht dem Bad Mergentheimer Campus ein Professor vor, der Internationalität par excellence verkörpert. Seine Eltern – die Mutter Krankenschwester, der Vater Ingenieur – stammen aus Südkorea, das Ruhrgebiet – Kim wuchs in Essen auf – absorbiert seit gut 100 Jahren Einwanderer aus Ost- und Südeuropa sowie aus Übersee. Als Zivildienstleistender in der Krankenpflege entwickelte Kim ein gutes Gespür für Menschen. »Hier zählt das Wort«, sagt er über den Menschenschlag in der Region, als vorbildlich verbindlich erlebt er den hiesigen Mittelstand. »Wir hier«, ergänzt er, »ticken wie der Mittelstand, verstehen uns als ein Baustein für die Region.« Die durchs Duale Studium in Mergentheim bedingten Zuzugs-Zahlen machen sich bereits bemerkbar. »Jeder Studienplatz generiert einen Arbeitsplatz.« An der einzigen Hochschule im Landkreis stehen die Zeichen auf Expansion: Im Zug bedarfsorientierter Fortentwicklung für die regionale Wirtschaft denkt der Campusleiter bereits laut über zusätzliche technische Studiengänge nach, die sich gut machen würden im Mergentheimer Angebots-Portefeuille. Industrie 4.0, Energiewirtschaft und Service Engineering sind erste Stichworte. Man darf gespannt sein, was die kreative Hochschultruppe und die hier international geschulten Adepten an der Schnittstelle von Wissenschaft und Wirtschaft noch alles in Bewegung setzen werden.

DHBW MOSBACH –
CAMPUS BAD MERGENTHEIM
SCHLOSS 2
97980 BAD MERGENTHEIM
WWW.MOSBACH.DHBW.DE/CAMPUS-BAD-MERGENTHEIM.HTML

13 Bildung rundum und für alle!

Endres und Flöder leiten die Lorenz-Fries- und Mörike-Schule

Magister Lorenz Fries kann man mit Fug und Recht einen Mergentheimer nennen. Er erblickte hier ums Jahr 1490 das Licht der Welt, besuchte als Bürgersohn aus einfachen Verhältnissen die Mergentheimer Lateinschule, ehe er zum Studium nach Leipzig, Wien und Wittenberg aufbrach. Als fürstbischöflicher Rat und Reichstagsdiplomat am Kaiserhof Karls V. diente er drei Würzburger Bischöfen. Nur fünf Jahre ab Winter 1844 lebte der Dichter Eduard Mörike in Mergentheim. Magister hie und Dichter da, getrennt durch gut dreieinhalb Jahrhunderte, sind in Bad Mergentheim als Namensgeber von zwei Nachbarschulen ganz eng verbunden: Die Lorenz-Fries-Schule trägt Hausnummer 46 in der Maurus-Weber-Straße, die Eduard-Mörike-Schule ist unter Nummer 48 zu finden. Zwei Schulen sind es, auf die Bad Mergentheim als weltoffene und vorurteilsfreie Bildungsstadt gewaltig stolz sein kann. Magister Fries ist Namenspate für das Sonderpädagogische Bildungs- und Beratungszentrum, kurz SBBZ und einst als Förderschule bekannt, der Dichter Mörike für eine Werkreal-Ganztagesschule, die man ohne weiteres als *international* bezeichnen kann. Die Chefetage in beiden Schulen ist in Frauenhand: Rektorin Karin Endres leitet das SBBZ, Nicole Flöder die Werkrealschule gleich nebenan. Die Schulhöfe gehen ineinander über, Sport- und Spieleinrichtungen nutzen Schüler beider Schulen.

Zuständig ist die aus dem Kreis Sigmaringen stammende Fries-Rektorin für gut 70 Schülerinnen und Schüler und den angeschlossenen integrativen Kindergarten, in dem sich meist ein gutes Dutzend Kinder aus unterschiedlichsten Nationen tummelt, ebenso viele etwa, wie es Lehrkräfte gibt an der Schule. Die Mörike-Chefin hat in Toronto das Licht der Welt erblickt. Aufgewachsen ist sie als Hiesige, ihr Abi stammt aus Weikersheim. Seit 2008 trägt sie gemeinsam mit knapp 30 Lehrkräften die Verantwortung für rund 230 Schülerinnen und Schüler, von denen eine Vielzahl mit nicht vorhandenen bis rudimentären Sprachkenntnissen an die Schule kommt.

Viel Raum für Kreativität und Bewegung: So klappt die internationale Kommunikation auch ohne Worte

Aus 14 Nationen zusammengewürfelt war die Mörike-Werkrealschul-Schülerschaft, als wir im Sommer 2015 mit Karin Endres und Nicole Flöder zusammensaßen. »Das ändert sich immer wieder, die Schule ist für viele, genauso wie die Lorenz-Fries-Schule, eine Durchgangsschule«, erklärte die Rektorin der Mörike-Schule. Sie hat auch schon Zeiten erlebt, als Kids aus über 20 Nationen zur Pausenzeit durch Treppenhäuser in den Schulhof strömten. Leicht hätte man zu dieser Zeit anhand der Herkunftsländer eine Weltkarte malen können: Afghanistan, Albanien, Dominikanische Republik, Griechenland, Irak, Iran, Italien, Kongo, Korea, Kosovo, Kuba, Libanon, Libyen, Mazedonien, Montenegro, die Philippinen, Polen, Rumänien, Serbien, Türkei und Ungarn gehörten dazu. Länder, die für die Kinder und ihre Familien nicht nur einst Heimat waren, sondern noch Heimat sind – und sei es nur im nostalgischen Blick zurück. Syrien war seinerzeit noch nicht dabei. Wie kann es funktionieren, in diesem Konglomerat verschiedenster Kulturen, Sprachen und Ethnien gemeinsam mit den deutschen Schülern, die sich hier aufs Leben vorbereiten, vernünftig Unterricht zu machen? Ganz einfach: mit viel Geduld, klaren Regeln und einem ziemlich großen Herzen. »Erst einmal sind sie Kinder – und Jugendliche«, betont die Rektorin. Konsequent setzen Schulleitung und Team aufs Klassenlehrerprinzip, auf individuelle Förderung und intensives Training sozialer und personaler Kompetenzen. Das hat der Schule bei externer Evaluation gleich mehrere Prädikate, darunter auch eines für die Kooperation mit schulischen und außerschulischen Partnern, eingebracht.

Die Kooperationen beider Schulen öffnen bereits während der Schullaufbahn Türen. Besonders wichtig wird das im Umfeld des Berufseinstiegs: Gute Kontakte zur Handwerkskammer Heilbronn und regionalen Betrieben ermöglichen Orientierung auf dem Arbeitsmarkt, im *Jobfit*-Programm der Mörike-Schule stehen eigens durch die IHK Heilbronn-Franken geschulte Gymnasiasten als Tutoren den Schülern zur Seite, die sich auf Bewerbungsgespräche vorbereiten.

Für manchen Schüler am *Mörike* sind nicht nur die neue Umgebung und die Sprache fremd; einzelne haben zuvor noch nie eine Schule besucht. Dafür kommen sie oft mit mehr Weltwissen an, als manch hiesiger Erwachsene in seinem ganzen Leben sammeln wird. Vorbereitungsklassen und eigens von den Lehrern entwickelte Unterrichtsmaterialien helfen, die Neuen vom ersten Tag an in den Unterricht einzubinden. Auf dem unsichtbaren Stundenplan beider Schulen stehen gegenseitige Achtung, Verständigung, Weltwissen, Herzensbildung und der flexible Umgang mit anderen Kompetenzen, Kulturen, Sitten, Sprachen und Religionen. Hier wachsen Weltbürger heran, nach denen sich die zunehmend globalisierte Wirtschaft eigentlich die Finger lecken müsste. Auch wenn man es dem Sichtbetonklotz nicht von außen ansieht: Hier gehen junge Menschen ihr Leben kreativ und fantasievoll an. Wer eintritt, staunt: Er findet sich in Foyers und Gängen mit klar atelierähnlichem Charakter. Was aus den Schülern wird, die hier ihren Abschluss gemacht haben? Zum Beispiel Bank- und Industriekaufleute, *Chef-Tournant* in sternenwürdigen Küchen, medizinische Fachangestellte und Mechatroniker. Über den zweiten Bildungsweg zum Studium? Auch kein Problem! *Mörike*-Absolventen kennen ihre Potenziale genauso gut wie ihr Durchhaltevermögen. Angst vor der Fremde? Nicht die Bohne. Durch internationale Klassenkameraden und den Kontakt zur Nachbarschule sind sie perfekt interkulturell geschult.

Bestens aufs Leben vorbereitet sind auch die Kinder, die über die Lorenz-Fries-Schule ihren Weg suchen. Dass schon mehrfach Förderschul-Teams beim Schüler-Erfinderwettbewerb *Kreative Köp-*

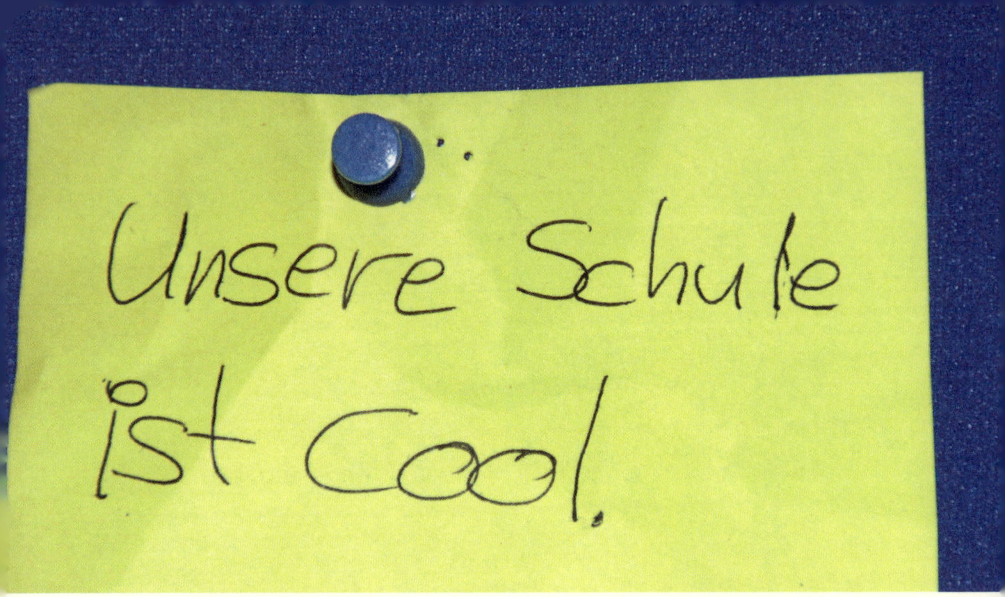

Lob für die Lorenz-Fries-Förderschule: einfach cool!

fe Preise ergatterten, belegt, welch reiche Früchte frühe individuelle Förderung tragen kann. Die an der Schule stationierte Frühförderstelle kooperiert eng mit allen Kindergärten und Schulen in Bad Mergentheim. Beratung, Diagnose, Frühförderkurse, Sprachförderung und Psychomotorische Schulungen helfen weiter. Wie toll die Kinder, die mit ganz unterschiedlichen Handicaps leben lernen, klarkommen, zeigt sich bei großen Schulveranstaltungen. Da stand schon die komplette Schülerschaft bei einem Musical vor wirklich enorm großem Publikum auf Mergentheims Wandelhallenbühne. Lampenfieber? Na klar, und wie! Kaum war die Bühne frei fürs Mutmach-Musical *Arno und die Ameisenbande*, war jede Aufregung wie weggeblasen: Im Team der Freunde kommen auch die gut klar, die manchmal etwas Hilfe brauchen. Sich gegenseitig zu ergänzen, sich über Hürden wegzuhelfen, ist Teil des unsichtbaren Stundenplans.

Manches Schulprojekt ist nur mit Hilfe umzusetzen. Man hält zusammen in Bad Mergentheim. Neben privaten Helfern finden sich in der Lorenz-Fries-Schule immer wieder auch Unterstützer und Sponsoren aus der heimischen Wirtschaft ein. Wichtige Kontakte sind das auch für die nachschulische Lebenszeit. Praktikumserfahrungen helfen – und die Unterstützung der Eltern. Damit die wirklich kommt, legen beide Rektorinnen größten Wert auf Kontakte mit den Familien ihrer Schülerinnen und Schüler. Rund um die Schulen haben sich Eltern- und Förderkreise gebildet, die Unterrichtende wie Lernende engagiert begleiten. Manchmal stoßen die Lehrer an der internationalen Werkrealschule auf Schwierigkeiten, wenn sie versuchen, Eltern einzubeziehen: Wo kulturell »hinterlegt« ist, dass eine Nachfrage beim Lehrer dessen Autorität untergräbt, ist viel Geduld gefordert.

Geduld brauchen die Rektorinnen manchmal auch, wenn sie neue Bekanntschaften schließen. Da gebe es oft diese mitfühlenden Stoßseufzer à la »Oh Gott, Sie Ärmste – Hauptschullehrerin!«, oder »Ist das nicht schrecklich – Förderschule?« Nein, sagen beide: »Wir erleben unsere Kinder nicht nur als Menschen mit einem Rucksack voll Probleme – im Gegenteil: Das Positive überwiegt!« Minimale Lehrer-Fluktuationsraten belegen, dass die Pädagogen hier Spaß haben an ihrem Job: Sie wissen wie ihre beiden Chefinnen genau, wie wichtig ihre Arbeit ist. »Es gibt keinen besseren Beruf!«, schwärmt Karin Endres: »Es ist ein Geschenk, an dieser Schule mit diesen Kollegen, diesen Schülern und diesen Eltern arbeiten zu dürfen, die uns Lehrern so dankbar sind.« Nicole Flöder ergänzt: »Unsere Schüler sehen uns nicht nur als Lehrer, sondern auch als Weggefährten und ihnen freundlich zugewandte Begleiter.« Mag sein, dass es genau daran liegt, dass Klassen der Werkrealschule wie der Förderschule auffallen, wenn sie auf großer Fahrt sind: »Busfahrer, Jugendherbergseltern, sogar ein Kapitän hat uns schon mal gesagt, dass sie nur selten so freundliche und hilfsbereite Gäste haben.«

LORENZ-FRIES-SCHULE
EDUARD-MÖRIKE-SCHULE
MAURUS-WEBER-STRASSE 46 UND 48
97980 BAD MERGENTHEIM
WWW.LORENZ-FRIES-SCHULE.DE
WWW.EDUARD-MÖRIKE-SCHULE-MGH.DE

14 Einfach clever, diese Kreativen Köpfe!

Iris Schmalz und Bärbel Fritsche am Deutschorden-Gymnasium

»Am Deutschorden-Gymnasium gibt es unglaublich viele kreative Tüftler«, lobt Iris Lange-Schmalz, seit 2009 Projektleiterin des regionalen Erfinder-Wettbewerbs *Kreative Köpfe*. Nicht umsonst sei diese Schule über Jahre immer wieder mit dem Wettbewerbs-Schulpreis ausgezeichnet worden. Bärbel Fritsche, die schulintern die Werbetrommel für den Schüler-Erfinderwettbewerb rührt und Teilnehmer fachlich begleitet, ist stolz darauf, dass ihre Schule es immer wieder schafft, die meisten Wettbewerbsteilnehmer zu stellen. Aber Käpsele mit innovativen Erfindungsideen gibt's in Mergentheim und drumherum an allen Schulen: Gymnasien, gewerblich, kaufmännisch, technisch und informationstechnisch ausgerichtete Schulen, Berufsschulen, Haupt-, Real- und Werkrealschulen ebenso wie die Förderschule haben bereits Preisträger gestellt. »Querdenker vor«, könnte die Devise des lösungsorientierten Wettbewerbs lauten, bei dem nicht nur Technikfreaks Chancen haben.

Was haben die insgesamt rund 700 Schülerinnen und Schüler, die an den ersten zwölf Wettbewerbsrunden teilnahmen, nicht schon alles erfunden! Man denke nur an den beleuchteten Sicherheits-Regenschirm oder die Transponierscheibe, den längenverstellbaren Golfschläger für Rechts- und Linkshänder, den hydraulisch höhenverstellbaren Duschkopf, die Federball-Wurfmaschine, die Medikamentenbox, die sich eigenständig in Erinnerung ruft, den vollautomatischen Pinselreiniger, den verstellbaren Schuhabsatz, die Signalmatte vorm Kinder- oder Krankenbett und, und, und. Und dabei war mancher Teilnehmer erst zwölf Jahre jung. Ihre Ideen beziehen die Schülerinnen und Schüler aus praktischen Alltagsproblemen: Da genügt die Übernachtung bei einer Schulfreundin unterm Dach, und prompt wächst die Idee, einen automatischen Fensterreiniger für Dachfenster zu erfinden; der Taschengeldjob als Babysitter reizt zur Erfindung des lichtschrankengesteuerten Treppenschutzgitters; aus einer Debatte über KO-Tropfen beim Discobesuch resultierte die Erfindung des fingerprintgesicherten Trinkgefäßes. Ideen braucht man – und die

Am Deutschorden-Gymnasium sind jede Menge »Kreative Köpfe« zu finden

fallen einem manchmal im Schlaf zu. Pech, wenn man sich, besonders als Erfinder, am anderen Morgen nicht mehr daran erinnert. Was folgt daraus? Ganz einfach: ein Wecker mit Tonaufzeichnungsfunktion. Rund 300 Ideen wurden bereits realisiert.

Der Erfinderwettbewerb für Schülerinnen und Schüler sämtlicher Schularten ist selbst eine geniale Erfindung. Der Igersheimer Unternehmer Manfred Wittenstein grübelte kurz nach der Jahrtausendwende darüber, wie man angesichts des demografischen Wandels mehr junge Menschen an die Region binden könne. Die bietet zwar mit ihrem breiten Spektrum an *Hidden Champions* klugen Köpfen viele Chancen, liegt aber eben auf dem Land. Wenn sich zu ohnehin sinkenden Geburtenraten besonders bei gut qualifizierten Jugendlichen auch noch der begeisterte Aufbruch in teilweise sogar außereuropäische Metropolen gesellt, würde sich die heimische Wirtschaft immer schwerer tun, ihren Personalbedarf aus dem Umland zu decken. Nichts gegen den »Import« von klugen Köpfen, aber um die konkurrieren Firmen jetzt schon international. Als Gegensteuer-Mittel der Wahl fiel ihm Vernetzung ein. Wenn es gelänge, schon Schülern Chancen zu bieten, heimische Unternehmen von innen kennenzulernen, sie einzubinden ... Wenn es gelänge, Schulen für die Technikwelt zu begeistern, für engere Kooperationen mit der Industrie ... Wenn man die Jugend und die Schulen und die Wirtschaft zusammen brächte ... Wittenstein grübelte nicht nur, sondern schmiedete gemeinsam mit den Städten Bad Mergentheim und Weikersheim sowie seiner Standortgemeinde Igersheim eine Allianz, in die er unter anderem auch die IHK Heilbronn-Franken einband.

2002 lief die erste Wettbewerbsrunde. Die Spannung war groß: Würden Schulen einsteigen in die Werbung für eine Wettbewerbsteilnahme – und würden sich Schüler der Herausforderung stellen? Schließlich ist es zusätzliche Arbeit unter Zeitdruck. Nur drei Monate Zeit haben die jungen Erfinder von der Zulassung zum Wettbewerb bis zur Präsentation ihrer Ergebnisse vor der Jury. Der Probelauf im ersten Jahr brachte zumindest einen Achtungserfolg – und jede Menge Erfahrungen bezüglich der Einbindung der Firmen, die den Jugendlichen mit Rat, Tat, Personal und unter Zugriff auf die jeweilige Unternehmenskompetenz bei der Umsetzung zur Seite standen.

Der mit regionaler Verwurzelung und Vernetzung punktende Wettbewerb, der seit 2005 durch die Gründung der Stiftung *Junge Kreative Köpfe* gefestigt wurde, entwickelte sich zu einer pfiffigen Plattform, die motiviert und Teilnehmern auch in Sachen Persönlichkeitsentwicklung enorm Schub gibt, betonen Projektleiterin Iris Lange-Schmalz und Bärbel Fritsche, die als Jurorin auch die Präsentationsfortschritte der jungen Menschen miterlebt. Bei der Preisvergabe präsentieren die Jugendlichen ihre Erfindungen vor mehreren 100 Menschen, darunter Regional- und Landespolitiker und hochrangige Vertreter international agierender Unternehmen. »Anfangs sind sie eher still und schüchtern, zum Schluss sind sie ganz schön selbstbewusst. Nach der Teilnahme am Wettbewerb haben sie den Mitschülern, denen natürlich auch die Erfahrung des Präsentationsworkshops fehlt, wirklich etwas voraus«, betont die Lehrerin, die als Wahl-Kurstädterin 2009 aus Dresden ins Taubertal

Wie organisiert man den Erfinderweg? Der Workshop hilft

wechselte. Als Physik- und Mathematiklehrerin freut sie sich besonders über die wachsende Begeisterung der Schülerinnen für Technik.

Projektleiterin Iris Lange-Schmalz stellt den Wettbewerb und seine Möglichkeiten seit 2009 Jahr für Jahr mit viel Elan in oft über 70 Schulklassen vor. *Ihre* Jungs und Mädels lernt sie als Ansprechpartnerin für alle Fragen während der drei Umsetzungsmonate recht gut kennen. Fasziniert ist sie vom immer wieder entstehenden Teamgeist: »Natürlich will jeder gewinnen, aber von der Ideenfindung bis zur Umsetzung läuft es dann eben nicht mit Ellbogeneinsatz, sondern mit unglaublich viel Austausch untereinander und gegenseitiger Unterstützung.« Teams bilden sich bereits im Vorfeld der Bewerbung um die Teilnahme – auch eine Besonderheit des Wettbewerbs, der sowohl Einzel- als auch Gruppenarbeiten, Letztere auch schulartübergreifend, zulässt. Die Teambereitschaft wird greifbar, wenn sich bei der Auftaktveranstaltung die angehenden Erfinder auf die Suche nach helfenden Profis aus den kooperierenden Unternehmen machen. Greifbar wird auch, dass es jetzt die Schülerinnen und Schüler sind, die mit ihren Ideen die potenziellen Partner herausfordern: An den 20 Stehtischen sieht man regelrecht, wie intensiv über Umsetzungsmöglichkeiten nachgedacht wird. Nervosität und Zielstrebigkeit sind zu spüren und ein unbändiger Wille, die jeweilige Idee mindestens bis zum Modell oder zum Prototyp wachsen zu lassen. Ein ähnliches Summen ist bei den Abschlussveranstaltungen zu erleben, bei der sich zur eigentlichen Preisverleihung die Vorstellung der Idee auf der Bühne und später am eigenen Präsentationstisch gesellt.

Eine ganz spezielle Erfindermessen-Atmosphäre herrscht in jedem Fall, und man gastierte bereits in etlichen Unternehmensfoyers, Firmen-Veranstaltungsräumen, im Mittelstandszentrum und sogar in der Wandelhalle des Kurbads.

Der Wettbewerb hat sich zum Exportschlager entwickelt und inzwischen nach Tauberbischofsheim und Wertheim bereits Neckarsulm erreicht. Einen Preis hat die spritzige Wettbewerbs-Idee auch schon gewonnen: Sie wurde mit dem von der Gasversorgung Süddeutschland ausgelobten Preis *Energie für Bildung* ausgezeichnet. Mit der Auslobung eines Sonderpreises hat sich inzwischen auch die Wissenschaft dem Wettbewerbsnetzwerk angeschlossen: Studierende des Campus Bad Mergentheim der Dualen Hochschule Baden-Württemberg DHBW führen für die Preisträger Marktfähigkeits-Studien durch. Dass inzwischen an den Schulen die Umsetzung eines Projektes im Wettbewerbsrahmen auch als schulische Sonderleistung in die Benotung einfließen darf, ist für die jungen Quer- und Vordenker ein weiterer Anreiz. Etliche ehemalige Wettbewerbsteilnehmer unterstützen ein weiteres Vernetzungskind, das in Bad Mergentheim das Laufen lernt. Sie assistieren bei den ebenfalls in Räumen der DHBW untergebrachten Angeboten der Jugendtechnikschule Taubertal und bieten, wie beispielsweise die Roboter-AG des Deutschorden-Gymnasiums, sogar schon eigene Kurse an. Wie formulierte doch so treffend Manfred Wittenstein? »Hier in dieser innovativen Provinz lebt die Zukunft Deutschlands.«

DEUTSCHORDEN-GYMNASIUM
KOPERNIKUSSTRASSE 11
97980 BAD MERGENTHEIM
WWW.DOG-MGH.DE
WWW.KREATIVEKOEPFE.INFO
WWW.JUGENDTECHNIKSCHULE-TAUBERTAL.DE

15

Ganz hoch hinauf und Ausschau halten!

Mit Heidi Deeg 202 Stufen hoch auf den Bläserturm

»Einem jeden Mergentheimer sollte einmal im Leben ein Gang auf den Kirchturm von St. Johann verschrieben werden.« Das empfahl Carheinz Gräter im ersten Satz seines 1972 erschienenen Bad-Mergentheim-Bandes. Verschreiben wollte der geborene Kurstädter den Aufstieg des Ausblicks wegen, der Einblick gibt ins Werden und Wachsen des Städtchens. Wir folgen Gräters Rat, steigen allerdings mit Heidi Deeg auf den rund 54 Meter hohen Bläserturm.

Gelegentlich schlüpft sie ins Gewand der Stadtzinkenistenwitwe Franziska Dermühl. Ein leichtes Leben war's gewiss nicht: Heidi Deeg lebt lieber heute, auch wenn sie nach jedem Aufstieg den herrlichen Blick über die Stadt in vollen Zügen genießt. Aber man müsse sich vorstellen, was es heiße, jeder Besorgung wegen 202 Stufen hinunter- und wieder hinaufzusteigen. Aufgaben oben gab's genug: Zur Nacht- und Feuerwache samt stündlicher Hornsignalgabe gesellten sich die Turmuhrwartung und die verpflichtende Mitwirkung als Kirchenmusiker an allen Sonn- und Feiertagen. Auch die Bürger forderten den Musicus, der zu Deutschordenszeiten zudem das Privileg hatte, auch in den zum Tauberoberamt gehörenden Deutschordens-Orten aufzuspielen.

Wenn Heidi Deeg mit Gästen zum Turm hochsteigt, legt sie den Teilnehmern zuliebe gern bei der Turmuhr eine Pause ein: Verschnaufpausen erlauben Informationsvermittlung. Die Uhr hielt 1620 Einzug im Turm, erfährt man, ein wahres Wunderwerk der Schmiedekunst mit steinernen Gewichten. Tägliches Aufziehen, Schmieren und regelmäßige Uhrwerkreinigung oblagen dem Türmer. An der Wand in der Uhrenstube lehnen ausrangierte Zeiger, zwei Meter lang, obwohl sie von unten betrachtet so zierlich wirken. Die Zwischenstation erlaubt auch einen Einblick in die Turmgeschichte, die wohl bereits im elften oder zwölften Jahrhundert ihren Anfang nahm. Ab 1340 diente der aufgestockte Turm als Wehrturm, ab 1545 nach weiterer Erhöhung auch als Bergfried mit Wächterstube. Fast wäre in der Uhrenstube bereits das Ende der Turmbesteigung gekommen, denn mehr-

Hübsches Zimmerchen, oder? Für Türmer-Großfamilien war's dennoch oft beengt.

fach – Balthasar Neumann störte fehlende Symmetrie, die Hofverwaltung plante, die Steine anderweitig zu verwenden – gab es Pläne, den Turm wieder einzukürzen. Das besorgte der dann beinahe selbst: Hoch droben drohte der Einsturz der Türmerwohnung, die um 1780 nach Generalsanierung neu eingerichtet wurde.

Frühestens da, vermutlich aber erst nach dem Tod der Ehefrau 1789, ist Hoftürmer Heinrich Dazian mit seinen Kindern in den Bläserturm gezogen, in dem Franziska Dermühl mindestens fünf Jahrzehnte als Türmertochter, Türmergattin und Türmerwitwe lebte. Elf Jahre alt war sie, als ihre Mutter starb – und danach oblag dem Mädel laut einem von ihr 1810 gezeichneten Gesuch an den Mergentheimer Stadtrat die Haushaltsführung. Sie bittet »unterthänig, der wohllöbliche Stadtmagistrat wolle … den Stadtzinkenisten Dienst auf mich übertragen«, denn nach dem Tod des Vaters standen die inzwischen 32-jährige Ledige und ihre kranke Schwester vor dem Ruin. Dass ein Jahr zuvor die ehemalige Deutschordensresidenz ans Königreich Württemberg gefallen war, hatte die Situation bereits im Vorfeld verschlechtert.

Eine Frau als Schlosstürmerin? Seinerzeit unmöglich. Die Stadt forderte sie auf zur Heirat mit einem »competenten mit Zeugnissen der Tüchtigkeit und Rechtschaffenheit« ausgestatteten Musiker, gestattete aber immerhin einstweilen provisorische Übernahme der Türmerpflichten. Franziska Dazian hielt brav und erfolgreich Ausschau, fand im aus Aub stammenden Musiker Georg Joseph Dermühl einen zwar neun Jahre jüngeren, aber wohl passenden Gefährten. 1812, ein Jahr nach der Eheschließung, wurde er als Königlicher Schlosstürmer bestätigt. 19 Ehejahre, fünf Kinder und ein karges Leben waren dem Paar beschieden. Sparmaßnahmen reduzierten den Stadtzinkenistensold von anfänglich 100 Gulden jährlich auf zuletzt nur noch 20 Gulden – kaum ausreichend zum Überleben. 1822 starben ihre zwei jüngsten Kinder. Würde der Einzug von Herzog Paul Wilhelm von Württemberg ins Schloss helfen? Im Gegenteil: Der 1827 eingezogene Neffe des Württembergischen Königs Friedrich sorgte für einen Lokalskandal. Den erlebte der letzte Schlosstürmer nicht mehr mit: Bei seinem Tod 1830 war Eva-Franziska, die jüngste der drei noch unversorgten Töchter, erst zehn. Sie brachte mit nicht einmal 17 Jahren ein Kind zur Welt, illegitime Tochter des Herzogs, der sich allerdings – eher gegen die Sitten der Zeit – um die Kleine kümmerte. Er nahm sie auf, sorgte für die Erziehung und später wohl auch für die Übersiedlung nach Illinois. Auch Evchens zweites Kind musste drei Jahre auf geordnete Verhältnisse warten: 1841 heiratete Evchen den Schneidermeister Johann David Koch. Im Dunkeln bleibt, ob Franziska Dermühl zu Schwiegersohn und Tochter zog oder weiter im Zinkenistenturm lebte. Dokumentiert ist, dass sie mit 77 Jahren im Mergentheimer Spital verstarb. Kein schönes Leben, trotz der guten Aussicht, sagt Heidi Deeg. Aber auf jeden Fall ist's eines, das zu kennen lohnt.

DEUTSCHORDENSMUSEUM
BLÄSERTURM (KEIN ZUGANG MÖGLICH)
SCHLOSS 16
97980 BAD MERGENTHEIM

16 Wachaufzug mit »Damencorps«

Drei Bürgerfrauen vom Schützen-Corps im Torwachhaus

Der grüne Federbuschen wippt, gewienert glänzen Messingknöpfe, der grüne Uniformrock ist pieksauber: Das *Historische Schützen-Corps Bad Mergentheim e. V.* hat im Kurpark seinen großen Auftritt. Der Herzog-Paul-Abend ist für die Mitglieder des erst 1977 gegründeten Vereins, der sich der Pflege des Bürgerwehr-Erbes verschrieben hat, schlicht *der* Höhepunkt im Jahreskreis. Wachaufzug und Böllerschüsse eröffnen den festlichen Abend im Kurpark vor der Wandelhalle. Mit von der Partie, allerdings nicht mit Vorderladern, sondern »nur« mit einer gehörigen Portion Charme bewaffnet, ist das »Damencorps«.

Das hören sie nicht ganz so gern: »Wir sind die Bürgerfrauen!«, sagt die im grün gehaltenen Biedermeier-Gewand fast wie ein Glöckchen wirkende Sigrid Schweizer, die ganz privat die Ehefrau von Andreas Schweizer, Hauptmann und Erster Vorsitzender des *Historischen Schützen-Corps Bad Mergentheim e. V.* ist. Bestätigend nicken Claudia Michelberger – privat die Gattin des Tambours – und Gabi Etzl, Ehegefährtin von Adjutant und Vereinsschriftführer Günther Etzl. Sie sind stolz darauf, dass sie es mit einigen Mitstreiterinnen geschafft haben, in der Männerdomäne der historischen Bürgerwehren einen festen Platz zu erobern. Es war schon ein kleiner Aufstand, den die Damen im Torwachhaus und zu Hause probten. Ihr Argument: Wenn es gilt, Uniformen gut zu pflegen, wenn's um Wachaufzüge oder um Freundschaftstreffen mit anderen historischen Bürgerwehren und Stadtgarden geht, »sind wir ohnehin immer dabei, mindestens bei der Vor- und Nachbereitung.« Nur an den geselligen Abenden teilzunehmen, ansonsten im Hintergrund für Verpflegung, An- und Abtransporte und glatten Ablauf zuständig zu sein, fanden die Damen irgendwie nicht wirklich spritzig. Zudem hätten ja auch die Vorbilder der historischen Garde nicht im luftleeren Raum gelebt, hielten sie den Corps-Herren vor. Die disputierten eine Weile, an manchem Abend soll's heiß hergegangen sein im Torwachhaus, doch wer am heimischen Herd Frieden will, lenkt auf die Dauer ein. Seit 2014 sind die Bürgerfrauen des Corps fester Bestandteil des Ver-

Eindrucksvoll: die Ausstellung im Torwachhaus

eins. Allmonatlich treffen sie sich im Torwachhaus, und wenn sie, wie beim Herzog-Paul-Abend, am St. Georgstag oder beim Landestreffen mit ihren farbenfrohen Reifrock-Gewändern auftauchen, lassen Fotografen die Auslöser mindestens ebenso häufig klicken wie angesichts von Schützen-Corps, Bürgerwache und Hornistenzug.

Auch die Damen kennen sich aus in der Vereinsgeschichte: Dass es ganz früher – die erste urkundliche Datierung lautet auf 1342 – schon Bürgerschützen gab in Mergentheim, wissen sie ebenso zu berichten wie von der 1478 aus Wertheim zugestellten Einladung zum Armbrustschießen. Die Bürgerwehr hat also Tradition in der Stadt. Rüde unterbrochen wurde diese Tradition, als Napoleon 1809 das Tauberstädtchen samt Umland dem Königreich Württemberg zuteilte. Als die Württemberger einrückten, entwaffneten sie erst einmal für ein Jahrzehnt die *Bürgerliche Schützencompanie* – bis König Wilhelm I. 1819 erneut die Waffendienstertüchtigung auch außerhalb regulärer Militäreinheiten gestattete. Schützenmeister Revierförster von Arnold führte in der Folge Interessierte zusammen.

Noch 1820 genehmigte das Oberamt die Schützengesellschaft. Zwei Jahre später übernahm Obristleutnant von Speeth – genau: der

Vater von Margarethe Mörike – die Regie im an die 90 Mann starken Schützen-Corps, das eifrig exerzierte und bei Feierlichkeiten nach württembergischem Exerzier-Reglement paradierte. 1824 genehmigte Wilhelm I. die Uniform, die Vorlage der heute wieder zu bewundernden Uniformen. Leihgaben aus dem königlichen Arsenal – 45 alte französische Gewehre und Patronentaschen – sorgten für die erste Ausstattung. Vermittelt hatte diese Gabe der Schützencorps-Freund und Gönner Herzog Paul, ab 1827 neuer Mergentheimer Schlossherr. Der sammelte ohnehin weltweit Erfahrungen und Naturalien und freute sich, dass in »seiner« Truppe 1836 bereits 50 Schützen, zwölf Reiter und ein Dutzend Hornisten unter Commandant Speeth, zwei Oberjägern, fünf Premiers und dem Stabshornisten perfekt repräsentieren konnten. 1859 wurde nach diversem auf und ab das Schützen-Corps zur Bürgerwache umfunktioniert und auf eigene Kosten uniformiert.

Auf seine Wiederbelebung wartete das Corps fast 120 Jahre. An heißen Tagen kann es ganz schön anstrengend sein, in den zur Zeit um 1824 passenden Biedermeierkleidern in der prallen Sonne zu stehen, erzählt die Damenriege. »Nicht so schlimm wie die Uniformen«, kontert Andreas Schweizer. Der hochgeschlossene Vatermörderkragen der Schurwollfilz-Uniform ist zwar schön anzusehen, fordert im Hochsommer aber echte Selbstdisziplin. Dann freut man sich aufs um 1740 erbaute kühle Torwachhaus, in dem noch 1860 Zoll erhoben wurde. Seit 1988 ist es perfekt passendes Vereinsheim: Im Erdgeschoss entstand mit dem Schützencorps-Museum ein echtes Kleinod, in der Herzog-Paul-Stube darüber trifft man sich, und das Archiv hat auf dem Dachboden eine stabile Bleibe gefunden.

HISTORISCHES SCHÜTZEN-CORPS
BAD MERGENTHEIM E. V.
TORWACHHAUS
MÜHLWEHRSTRASSE/ECKE MAUERGASSE
97980 BAD MERGENTHEIM
WWW.HISTORISCHES-SCHUETZENCORPS.DE

17 Strom, gutes Wasser, Gas und Naturwärme

Norbert Schön und das Team vom Stadtwerk Tauberfranken

Ein uraltes Stück Baumstamm mit Loch steht auf dem Tisch im Besprechungsraum des Stadtwerks Tauberfranken. Geschäftsführer Norbert Schön, als promovierter Ingenieur der Schwarmgeisterei eher unverdächtig, ist hingerissen von diesem Stück einer uralten Wasserleitung, das zugleich ein Stück Heimat ist. »Heimat ist, wo man sich wohlfühlt, wo man gestalten kann«, sagt der aus Neustadt an der Aisch stammende Stadtwerkschef.

1993 stieß er zunächst zur Gasversorgung Bad Mergentheim, 1995, als der Betriebszweig der Wasserversorgung Bad Mergentheim sein 100-jähriges Jubiläum feierte, war er Werkleiter der *Gasversorgung Taubertal*, zwei Jahre später wurde er als Technischer Leiter mit Handlungsvollmacht für die Bereiche Strom, Gas und Wasser ausgestattet. Seit 2006 leitet Schön als Geschäftsführer gemeinsam mit Paul Gehrig, der fürs Kaufmännische zuständig ist, das Stadtwerk. »Ich kann hier mit meinen Kollegen unheimlich viel gestalten, neue Geschäftsfelder aufbauen, Dinge einführen und etablieren«, erklärt Schön, warum das eher kleine Stadtwerk sich zu seiner Lebensaufgabe entwickelt hat. Das Duo Schön und Gehrig sieht sich nicht als Verwalter des Althergebrachten: »Wir wollen das Stadtwerk mit neuen Ideen, Produkten und Lösungen nach vorne bringen.« Er schätzt es sehr, im regional ausgerichteten Stadtwerk, dessen Mehrheitsgesellschafter die Stadt ist, nicht in kurzen Zyklen denken zu müssen, sondern die Weichen längerfristig stellen zu können, Planung und Ausrichtung nachhaltig zu gestalten. Als Meilensteine auf diesem Weg seien nur die 2011 und 2014 erfolgten Gründungen der als GmbH aufgestellten Tochtergesellschaften *Naturwärme Bad Mergentheim* und *Windkraft Tauberfranken*, kurz *WinT*, genannt. »Unsere Nachfolger werden dann einmal beurteilen, ob wir mit unserer Einschätzung richtig oder falsch lagen.«

Rückblickend stellt er seinen fachlichen Vorläufern ein sehr gutes Zeugnis aus: Die durch eine Pergamenturkunde aus dem Jahr

Das Stadtwerk ist Feuer und Flamme für Naturwärme

1268 dokumentierte Wasserversorgung gehöre zu den ältesten in Süddeutschland, lobt er und klopft – des Alters wegen mit großer Vorsicht – anerkennend auf das Stück Holz. Die dendrochronologische Untersuchung belegt, dass das 1977 bei Tiefbauarbeiten nach 431 Jahren Verbleib im Untergrund geborgene Wasserleitungselement im Jahr 1546 verlegt worden sein dürfte, also acht Jahre nach dem Beginn des Wasserleitungsprojekts des Deutschen Ordens. Der machte sich um Schloss und Stadt mit der Verlegung der ersten öffentlichen Wasserleitung verdient.

Weise Voraussicht bestätigt Schön auch den Stadtvätern, die 1895 ein Quellgrundstück erwarben und zwei Jahre danach die Inbetriebnahme der Hochdruckwasserleitung feiern konnten. 1909 stieg die Kommune in die öffentliche Stromversorgung ein. Die zwei Betriebe wurden 1953 zu den Stadtwerken Bad Mergentheim zusammengefasst. Mit dem 1982 erfolgten Aufbau der Erdgasversorgung wurde der Grundstein zum recht genau zwei Jahrzehnte später erfolgten Zusammenschluss der *Stadtwerke Bad Mergentheim* mit der *Gasversorgung Taubertal* und dem Hohenloher Gasversorger *Thüga* zum regionalen Energie- und Trinkwasserversorger *Stadtwerk Tauberfranken GmbH* gelegt. Die neue Formation eröffnete 2003 die erste Erdgastankstelle in der Kurstadt. Fernwärme- und Biogasleitung folgten. Den Grundstein für den Betriebszweig Wärme hatte man bereits 1997 gelegt, als das Stadtwerk mit Blockheizkraftwerk und Nahwärmeinsel nicht nur das eigene Verwaltungsgebäude, sondern auch das Neunkirchener Dorfgemeinschaftshaus sowie einige Wohneinheiten mit kuscheliger Wärme versorgte.

Seit 2013 versorgt das jenseits der B 270 oberhalb der Stadt gelegene Naturwärmekraftwerk über eine sechs Kilometer lange Fernwärmeleitung durch Weberdorf, Altstadt, Herrenwiesenviertel und jenseits der Tauber durchs Kurviertel mit Schorren, Arkau bis zum Erlenbachtal Hausabnehmer mit aus nachwachsenden Rohstoffen gewonnener Wärme. Genutzt werden Hackschnitzel aus der Region, die bei der Landschaftspflege, aus Straßenbegleitgrünschnitten und forstwirtschaftlichem Energieholz gewonnen werden. Der Clou dabei – neben der jährlichen Einsparung von über 13.000 Tonnen CO_2 – ist die sozusagen als Nebenprodukt anfallende Stromerzeugung für rund 2.000 Haushalte. Wer an die Stadtwerk-»Zentralheizung« angeschlossen ist, kann auf den hauseigenen Heizungskeller samt Kohlelager, Heizöl- oder Gastank verzichten. Nachteile aber hat die umweltschonende Naturwärme-Anlieferung auch: Der Schornsteinfeger kommt nicht mehr und bringt sein schwarzes Glück ins Haus. Und Weihnachtsmänner, so sie denn durch Kamine kommen wollen, dürften hinkünftig schlechtere Einstiegschancen haben.

Die Zukunftsplanung des Stadtwerks Tauberfranken? »Wo die Reise hingeht, liegt auch am Gesetzgeber«, sagt Schön. Die Energiebranche werde sich einstellen müssen auf rasend schnelle Veränderungen. Es gilt herauszufinden, wo »Musik drin steckt«, und gründlich weit voraus zu denken.

STADTWERK TAUBERFRANKEN
MAX-PLANCK-STRASSE 5
97980 BAD MERGENTHEIM
WWW.STADTWERK-TAUBERFRANKEN.DE
WWW.NATURWAERME-BAD-MERGENTHEIM.DE

18 Die Mergentheimer Unterwelt

Mit Günther Deeg im nördlichen Schlosskeller auf Spurensuche

Er kennt sich aus in den Bad Mergentheimer Kellern: Günther Deeg, Architekt, war von 1989 bis 1996 Mitglied der Planungsgruppe *Umbau Deutschordensschloss zum Museum.* Besser als so kann man ein Areal schwerlich erkunden: Kaum einen Winkel zwischen Turmspitze und dem Brunnenschacht im Keller dürfte es noch geben im Schloss, in dem Deeg nicht herumgekrochen ist. Seit Anfang der 70er-Jahre die Planungen zur Neubebauung des Johanniterhofareals in den Händen des Architekturbüros Dietmann und Deeg lagen, beschäftigten ihn auch lange nach dem eigentlichen Feierabend die Stadtstrukturen.

Historisches Interesse liegt in der Familie: Schon Deegs Vater Friedrich Deeg, Lehrer in Althausen und Mitglied im Bezirksheimatmuseums-Verein, interessierte sich sehr für Vor- und Frühgeschichte. Im Schulschrank hütete der Lehrer prähistorische Funde aus der Region, Versteinerungen und 3.000 Jahre altes verkohltes Getreide. Als ihm 1939 bei der Herrichtung des Sportplatzes eingesetzte wohl ehemalige Schüler aufgeregt von dort gefundenen Knochen berichteten, hatte Friedrich Deeg alle Hebel in Bewegung gesetzt, um das, was später als das – jetzt auf der Kellerebene des Deutschordensmuseums zu sehende – Althäuser Hockergrab bekannt wurde, sachkundiger Untersuchung und Sicherung zuzuführen. So etwas prägt, besonders, wenn man es als Zwölfjähriger hautnah miterlebt. Das im Zug der Planungsarbeiten als Architekt immer weiter gestiegene Interesse an Geschichte stiftete den Kontakt mit Eckart Wäldele. Sie teilen den hohen Respekt vor den Baumeistern der Vergangenheit. »Was allein im Schloss alles abgerissen und angebaut wurde! Und trotzdem steht's!«, bewundert Deeg die Leistungen seiner Vorgänger.

Sie wissen um uralte Dohlengänge und führen ab und zu ganz handverlesen Gäste in ein Reich, das kaum einer betreten darf. Mit einem Dohlenring außerhalb des Stadtgrabens, einem Gangsystem innerhalb der Stadt und um das Schloss herum sowie dem vom Eisenberg zum Schloss führenden, wohl als frühe Wasserleitung genutzten als »Märzengang« bekannten Felsen- und Brunnengang verfügte die Innenstadt,

Einfach riesig: der Schlosskeller

so Wäldele, über ein unterirdisches katakombenartiges Abwasser- und Gangsystem. Das innerstädtische Gangnetz dürfte eine Gesamtlänge von rund vier Kilometern gehabt haben, von dem, so Wäldele 1932 noch etwa zweieinhalb Kilometer begehbar waren. Durch Verfüllungen, Abrisse und Neubauten ist das einstige Netz, an das etliche alte Mergentheimer Gewölbekeller angeschlossen waren, heute kaum noch als solches zu bezeichnen. Auch der etwa 1,70 Meter hohe und fast 90 Zentimeter breite Anschluss-Dohlengang, der aus einem in der Entengasse erhaltenen Gewölbekeller hinausführt, endet vor einer Mauer. Was sich dahinter wohl verbergen mag? Für Autoren von Grusel- und Kriminalgeschichten öffnet sich hier und in den großen Gewölbekellern von Dominikanerkloster und Johanniterhof, von Ritterhaus, Sankt-Bernhard-Schule, Schloss und Spital ein höchst ergiebiges Areal, erst recht, wenn man die alten Ausgänge vom Schloss und aus dem Stadtmauer-Gangring einbezöge. Private Kellerareale fanden Nachnutzungen als Vorrats-, Wein-, Fest- und Gastrokeller.

Wir bleiben unterm Schloss, steigen mit Deeg hinunter in die Unterwelt. Doch halt: Vorm Ausflug in die Tiefe fordert der Architekt und Baugeschichtserforscher erst einen Blick auf Kartenmaterial, das eindrucksvoll Geschichte zeigt: Drei in prähistorischer Zeit genutzte Wege trafen sich am Burgareal, dem heutigen Deutschordenplatz, erläutert er. Über Löffelstelzen hinaus ging's Richtung Würzburg, über den alten Fernweg Kaiserstraße zur Donau, die Westverbindung in Richtung Neckar, Rhein und Maintal abwärts erschlossen vom Drillberg einmündende Wege. Das Tauber-Wachbach-Mündungsdreieck bot mit seiner fruchtbaren Löss-Lehm-Schicht, der hochwasserfreien Talterrasse und den Quellen am Fuß des Eisenberges optimale Siedlungsvoraussetzungen am keltischen Wegeknotenpunkt. Vermutlich sicherte hier ein erster Palisadenbau am späteren Standort des Schlosses die Kontrolle. Als Ausgangspunkt der ab 1220 beginnenden Stadtplanung des Deutschen Ordens identifiziert Deeg die Alte Hofkirche in der ehemaligen Burg. Aus zwei alten Kellerräumen unter West- und Nordflügel schließt Deeg, dass die darauf fußenden Gebäude die ältesten steinernen Burgbereiche markieren. Ein Kellerflügel wird genutzt als Museumslager und Lapidarium, zwei der Gewölbekeller sind Schlossbesuchern seit 2015 vertraut: Hier haben Funde der späten Jungsteinzeit und das 1939 entdeckte Althäuser Hockergrab ihren Platz gefunden. Elf Meter breit, rund 44 Meter lang ist der Gewölbekeller unterm Südflügel. Bei den Arbeiten im Schloss hat Deeg darauf geachtet, die Auflagekonsolen der alten Holzbalkendecke durch »Fenster in die Vergangenheit« nicht gänzlich von der Gegenwart zu scheiden. Bis zu drei Meter dicke Wände schotten das Areal hier unten von Innenhof und dem alten Graben ab. Die Räume atmen Vergangenheit: Eingelassene Steigstufen, alte Hinweiszeichnungen erinnern an die Zeit, als die Mergentheimer im Zweiten Weltkrieg hier Zuflucht suchten.

EINGANG ZUM NORDKELLER
DEUTSCHORDENSSCHLOSS
SCHLOSS 16
97980 BAD MERGENTHEIM

Mission:
Württemberger Wein

19 Kabinettstückchen aus Markelsheim

Mit Weinkönigin Theresa I. die Winzergenossenschaft erleben

Die Leidenschaft der Familie gehört dem Wein – und das bereits seit etlichen Generationen. Vater wie Mutter brachten Weinberge mit in die Ehe, die Kinder wuchsen sozusagen mit den Reben auf. Da ist's kein Wunder, dass die Markelsheimer Winzertochter Theresa Olkus 2013 nicht nur als Markelsheimer Weinkönigin die Regentschaft in Bad Mergentheims bekanntestem Weinort übernehmen konnte, sondern zudem auch noch die Ehre – und die Arbeit – hatte, als 50. Württembergische Weinkönigin mit Charme und Krone für den Württemberger Wein zu werben.

Dass sie die Wahl gewinnen würde, war ihr im Vorfeld gar nicht in den Sinn gekommen. Spontan hatte sie sich erst kurz vor knapp entschieden, überhaupt mitzumachen, eine Wahl hatte sie noch nie miterlebt, und als diverse Fanclubs ihre jeweilige Kandidatin bejubelten, fand Theresa Olkus es eigentlich fast schade, nicht in den Fanclubreihen mitzujubeln. Dann der Entscheid: unglaublich! Der Empfang, den ihr die Markelsheimer boten, war bombastisch. Der frisch gekürten Hoheit blieb die Spucke weg angesichts dieser Menschenmassen, die sie mit Feuerwerk und »Wir sind Königin!«-Jubel begrüßten. Dreieinhalb Jahrzehnte hatten die Markelsheimer sich gedulden müssen, bis sie mit Theresa Olkus ihre dritte Württembergische Weinkönigin feiern konnten. Margot Leiser trug die Krone 1967, Magda Schmitt war 1979 gekrönt worden.

Das Licht der Welt erblickt hat die charmante Weinhoheit 1993, in, so berichten es die Omas, einem fürs Taubertal sehr guten Weinjahr. Sechs Flaschen Wein aus dem Geburtsjahrgang hatte der Vater für jedes Kind verwahrt. Das erste dieser speziellen Kabinettstückchen öffnete Theresa Olkus zum 18. Geburtstag, mit einer zweiten Flasche wurde im Familienkreis auf die Krönung angestoßen. Und? »Fein! Die Roten haben klar das Potenzial zur Lagerung.« Gleich dementiert sie Weingerüchte: Nein, längst nicht jedem Wein tut langes Lagern gut, falsch sei zudem der Glaube, dass Rotwein zimmerwarm am besten schmecke; viel besser: leicht gekühlt.

Zum Roten gehört der von der Organisation *Slow Food* in die *Arche des Geschmacks* aufgenommene *Tauberschwarz*, die älteste im Taubertal

Kellerverkostung: Hier lagern feinste Tröpfchen

bis heute angebaute Rebe. 1959 galt die wohl bereits um 1560 bei Weikersheim gepflegte Rebe als ausgestorben, die namentliche Ersterwähnung datiert zurück bis 1726. Ein Glücksfall, dass ein Weinberg in Ebertsbronn der allenthalben erfolgten Rodung entgangen war. Der Staatlichen Lehr- und Versuchsanstalt für Wein- und Obstbau Weinsberg gelang die Wiederbelebung der seit 1996 für den Anbau im Main-Tauber-Kreis und zwei Gemeinden des Hohenlohekreises zugelassenen Rebe.

Während wir uns im Barriquefasskeller der Weingärtner Markelsheim unterhalten, läuft die Lese 2015: Der Jahrgang forderte viel Aufwand. Der Muschelkalk der Tauberhänge trocknet schnell ab, Bewässerung tat not. »Mit zwei, drei guten Regenfällen mehr wär's ein Jahrhundertwein geworden«, bedauert die Weinkönigin. »Wir sind in unserer Werkstatt im Freien von der Natur abhängig.« 2011 herrschte Beerdigungsstimmung unter den rund 300 Mitgliedern der Weingärtnergenossenschaft, die den Weinanbau überwiegend im Nebenerwerb betreiben: Eine Frostnacht im Mai raffte rund drei Viertel des potenziellen Ertrags dahin. Zwar brachte der »Regent« eine »gute Qualität, aber eine unterirdische Menge. Man konnte fast Finderlohn für die Trauben vergeben«, erinnert sich Theresa Olkus mit Schaudern.

Zur Lesezeit ist jede Hand gefragt – auch bei Familie Olkus. »Es ist Familienzeit. Wenn man sich mit immer wieder wechselndem Gegenüber beidseits der Zeilen durcharbeitet, erfährt man vieles voneinander. Das schweißt zusammen.«

Besucher der Markelsheimer Weingärtnergenossenschaft führt sie gerne durch die Keller: Viel Edelstahl ist hier zu sehen, nur ganz besonders Feines darf im getoasteten Eichenfass reifen. Boden, Rebsorten und das Wetter leisten ihren Beitrag zur Aromabildung, Hefen steuern während der Gärung Sekundäraromen bei, Tertiäraromen verleihen etwa bei der Holzfassreifung den Hauch von Rauch, Vanille, Zimt, die »unsere Heimat durch den Wein gut schmeckbar machen.« Ihr Studium der Kommunikationswissenschaften hat sie der Königswürde wegen ein Jahr hintangestellt. Die rund 250 Termine, die Theresa Olkus durch ganz Deutschland und bis nach Japan führten, hätte sie sonst kaum bewältigen können. Knapp 40.000 Kilometer mehr zeigte der Kilometerzähler nach der Abkrönung. Dass die Kommilitonen das Abschlusszeugnis ein Jahr früher in den Händen hatten, neidet sie ihnen nicht: »Es war keine verlorene, sondern gewonnene Zeit«, die eine Menge Lebenserfahrung brachte – und die Erkenntnis, wie bekannt Mergentheim und das Taubertal sind. »Meine Heimat ist für andere total attraktiv!«, stellte sie fest. Dass nebenbei Weinbau und Kur gut zueinander passen, betont sie gern: Das Wasser heilt den Körper, ein Weinbergspaziergang und das Genussritual beim Wein laben die Seele. Wo Wein wächst, sind die Menschen herzlich und offen – auch das tut gut.

WEINGÄRTNER MARKELSHEIM EG
SCHEUERNTORSTRASSE 19
97980 BAD MERGENTHEIM
WWW.MARKELSHEIMER-WEIN.DE

ANNO 1581

20 Biergenuss aus der Heimat für die Heimat

Familie Wunderlich: fünf Generationen Herbsthäuser Brauerei

Wo gutes Bier gebraut wird, nimmt man sich Zeit – für die Gewinnung guter Rohstoffe, den Brauprozess und den Genuss. Den liefert die *Herbsthäuser*-Brauerei gleich doppelt, mit Fass- und Flaschenbier zum einen, zum anderen in der Brauereigaststätte. Man nimmt sich Zeit, und man bekommt sie auch: Das Brauereistammhaus *Zur Schwane* wurde bereits Anno 1581 errichtet. Dass hier von Anfang an gebraut wurde, darf als gesichert gelten. Ein jedes Gasthaus braute seinerzeit, und wo, wie hier, ein alter Handelsweg vorbeiführt, war durchaus ein Bedarf gegeben. Hielt man sich schon ans sechseinhalb Jahrzehnte zuvor am 23. April 1516 im Herzogtum Bayern erlassene Reinheitsgebot? Wir tippen: ja. Nur Qualität bewährt sich fast viereinhalb Jahrhunderte am Stück.

Auf jeden Fall geht die *Herbsthäuser*-Brauerei gemessenen Schrittes dem 450. Jubiläum entgegen, das 2031 gefeiert werden kann. Dann steht Christian Wunderlich, der 2013 in fünfter Generation die Betriebsführung der Familienbrauerei von seinem Vater Klaus Wunderlich übernahm, mitten im Brauereichef-Leben – und die nachfolgende Generation dürfte, gerade erwachsen beziehungsweise jugendlich geworden, beginnen, sich einzuarbeiten in die Geheimnisse der Braukunst. Die wird hier von Familie Wunderlich seit 1872 gepflegt. Zunächst hatten die aus Ailringen stammenden Brüder Franz und Anton Wunderlich die Gaststätte gepachtet, der Ankauf folgte bereits knapp drei Jahre später. Sie erwarben mitten im seinerzeit rund 250 Einwohner zählenden Ort – Rathaus mit Schule und mutmaßlich aus dem 13. Jahrhundert stammende Dorfkirche liegen in unmittelbarer Nachbarschaft – mit dem markanten Renaissancebau ein Anwesen, das schon so manches gesehen hatte und sehen würde: Mehrfach erwähnt Grimmelshausen in seinem *Simplicissimus* die nur einstündige Schlacht von Herbsthausen, bei der die kaiserlich-bayerischen Truppen im Mai 1645 der hier verschanzten französischen Infanterie eine herbe Niederlage beibrachten.

Einst Schwanenbräu, heute Herbsthäuser

Ach ja: Die angeblich von einem armen Schneiderlein, so hat es Carl Gibson in der Brauereiwirtschafts-Materialsammlung entdeckt, aus einem Brunnen geborgene Kriegskasse der Verlierer soll der Herbsthäuser Fama nach die prachtvolle Gestaltung der heutigen Brauereigaststätte ermöglicht haben. Gibson zwinkert amüsiert, und auch wir dürfen uns freuen über die nette Story. Belegt dagegen ist, dass Herbsthausen ab 1617 als Hohenlohische Zollstation diente – eine Einnahmequelle, die dem Ort an der alten Handelsstraße sicher auch Einnahmen bescherte, ebenso wie um 1700 die Poststation an der Postroute zwischen Augsburg und Frankfurt. Etwas Kleingeld für den Ort dürfte auch beim »Kaisermanöver« 1909 abgefallen sein: 125.000 Mann mit knapp 30.000 Pferden, mehr als 14.000 Lanzen, über 90.000 Gewehren und fast 650 Geschützen sowie gut 1.000 Fahrzeugen und zwei Luftschiffen (!) präsentierten hier vor Kaiser Wilhelm II., reichlich Hochadel und internationalen Beobachtern ihr Können. Der eine oder andere dürfte dabei auch *Schwanenbräu* gekostet haben.

1909 führten Philipp und Berta Wunderlich Regie in Brauerei und Gasthof. Berta, berichtet Klaus Wunderlich, der mit großem Geschichtsinteresse nicht nur Familiengeschichte ausgegraben hat, stand, als ihr Mann im ersten Weltkrieg einrücken musste, bereits mit Mitte 20 für die Familie und das Unternehmen grade. Mit Mitte 30 war sie Witwe und musste die gewaltige Durststrecke der Inflationszeit bewältigen. Sie wurde Markenzeichen, lebte in und mit der Gaststätte. Ruhetage kannte sie nicht, ihren Rostbraten – eine Neuauflage davon hat Sebastian Vetter, heute Chef der Brauereigaststätte, wieder auf der Karte – rühmten Gäste im weiten Umkreis. Stur war sie, verteidigte in der NS-Zeit tapfer das »Grüß Gott«–Begrüßungsgemälde – und gestattete Enkel Klaus nur recht selten, mit dem hölzernen Brauereigespann, das bis heute überm Tresen seinen Platz hat, zu spielen.

Leicht dürfte sie es auch Schwiegertochter Anneliese Wunderlich nicht gemacht haben, die sich als gelernte Krankenschwester zwar im Hintergrund hielt, aber mit ihrem von der Reformbewegung und Ausbildung als Krankenschwester geprägten Gesundheitsbewusstsein durchaus Prägekraft entwickelte. Dass Klaus Wunderlich, Diplom-Braumeister und diplomierter Kaufmann, von vornherein auf ökologisch-regionalen Anbau der Rohprodukte setzte, den Betrieb 1998 erfolgreich durch die Öko-Audit-Zertifizierung führte, sich mit handverlesenen inhabergeführten baden-württembergischen und oberschwäbischen Brauereien zur *Gütegemeinschaft Traditionsbier* zusammenschloss und 2001 mit dem Umweltpreis des Landes ausgezeichnet wurde, dürfte auch darauf gründen. »Wir lassen uns und dem Bier Zeit zur klassischen sechswöchigen Reife.« Zeit lässt man sich auch zum Gespräch mit Kunden und Gästen, die etwa beim Bockbierfest in der Probenecke oder im *Herbsthäuser-Club* in die Entwicklung neuer Sorten einbezogen werden.

HERBSTHÄUSER BRAUEREI
WUNDERLICH KG
ALTE KAISERSTRASSE 28
97980 BAD MERGENTHEIM
WWW.HERBSTHAEUSER.DE

Etwas verrückt zu sein, kann nicht schaden. Das zumindest lehrt die Erfolgsgeschichte der *Würth Industrie Service.* »Die Verrückten vom Drillberg« haben Rainer Bürkert, Ralf Gehringer, Ralf Lagerbauer, Stefan Reuss, Eberhard Scheuber und Christian Schondorfer, die sechs Geschäftsführer von Würth Industrie Service, als Titel der kleinen Firmengeschichte abgenickt, die das Unternehmen 2011 – da existierte die Drillberg-Firma kaum ein Jahrzwölft – herausgab. Unzählige Male haben sie es sich auch von Kollegen angehört: »Ihr habt einen Vogel. Das schafft ihr nie!«

Kein Wunder, wenn sich eine Firmenabteilung mit 80 Mitarbeitern, die über eine Ausgründung nachdenkt, ausgerechnet ein komplettes, 122 Hektar großes Kasernengelände als Zukunftsstandort ausguckt. Die 100-prozentige Tochter der Adolf Würth GmbH & Co. KG wurde im Januar 1999 gegründet. Den Jahreswechsel konnten die Schnell- und Senkrechtstarter schon auf dem Drillberg feiern. Zwei Tage nahmen sie sich Zeit für den Umzug mit großem Gepäck: 700 Paletten und rund 40.000 Lagerbehälter mussten raus aus dem Lager in Talheim und hinauf den Bad Mergentheimer Drillberg. In so einem Affenzahn schafft das kaum ein gewöhnlicher Privathaushalt. Beim ersten Tag der offenen Tür im Sommer 2000 bewältigten die damals 86 Mitarbeiter einen Besucheransturm, der locker die 100.000er-Marke knackte. Ohne spontan zugesagte Unterstützung wäre der Run auf den Drillberg kaum zu bewältigen gewesen: DRK, Feuerwehr, Vereine, die Stadt, die Polizei hängten sich auf die Schnelle rein in die Organisation. »So was geht nur hier in Hohenlohe«, sagt Bürkert.

Vielleicht haben ja doch die Elwetritschle geholfen, die Lydia Lauer in einer ihrer Geschichten auf den Drillberg geschickt hat. Rainer Bürkert weist das nicht komplett von der Hand: »Wir haben mit vielen Dingen, die wir angepackt haben, sehr viel Glück gehabt«, bekennt er. Das Glück ist mit den Tüchtigen, und von denen scheint es am Drillberg nur so zu wimmeln – siehe Umzugstempo. Zum Glück

Imposant: Blick ins vollautomatisierte Würth-Hochregallager

gehöre auch, die richtigen Leute an der Seite zu haben, die Risiken nicht scheuen. Einen Kapitaleigner wie Professor h.c. Reinhold Würth, der das Ausgründungsrisiko mittrug, findet man nicht an jeder Ecke. Auch die richtigen Kunden zum richtigen Zeitpunkt sind für Bürkert ein Teil vom Glück. Gut erinnert er sich noch an den ersten Kundenbesuch auf dem neuen Gelände: »Es war eine Ruinenlandschaft.« Das hätte auch ins Auge gehen können. Hätte. Doch was *Würth Industrie Service* bietet, brauchen produzierende Industrieunternehmen ständig: Hier entstehen automatisierte Beschaffungslösungen, ganzheitliche Belieferungsmodelle von DIN- und Normteilen, Hilfs- und Betriebsstoffen, Sonder- und Zeichnungsteilen. »Wir sorgen dafür, dass unsere Kunden ihre C-Teile zum richtigen Zeitpunkt, in der richtigen Menge, in der richtigen Qualität am richtigen Verbrauchsort verwenden können«, so Bürkert. Das Handelsunternehmen auf dem Drillberg sorgt dafür, dass die für den jeweiligen Produktionsbedarf erforderlichen Kleinteile – der Katalog umfasst über eine Million Artikel – immer im richtigen Tempo einlaufen. IT-Technologien ermöglichen automatisierte Belieferungssysteme etwa in der Automatenversorgung.

Fünf Jahre hatte das Gelände der ehemaligen Deutschordenskaserne, der einstigen Heimat der Panzerbrigade, brach gelegen. Fünf Jahre genügen völlig, um ein einst perfekt getrimmtes Gelände zuwuchern zu lassen. Ist erst einmal das Glas raus aus den Fenstern, entdecken Tiere schnell das neue Biotop, und Asphalt, über den kein regelmäßiger Verkehr mehr rollt, entwickelt sich rasant zu einer löwenzahndurchsetzten Buckelpiste.

Ein weiterer Glücksfall im Verlauf des Drillberg-Abenteuers hieß ganz schlicht: Kein Funkloch! Die Verbindung stand, als Anja Bürkert ihren Mann, der gerade auf der Autobahn durch den etwas unterversorgten ländlichen Raum döste, eilig an die Strippe kriegen wollte. Sie besichtigte gerade mit dem damals amtierenden Bad Mergentheimer OB Hülsmann die Konversionsfläche. Ob das was wäre für die Ausgründungsplaner der *Würth-Division Industrie*?

Inzwischen hat sich die GmbH & Co. KG auf ihren 122 Hektar Land bestens eingerichtet. Vom Drillberg aus – die allerbeste Aussicht über Bad Mergentheim bietet sich vom Dach des Hochregallagers – gelingt ganz offensichtlich prima der Überblick über das gute Dutzend Niederlassungen in Deutschland und die Direktansprechpartner in über 35 Ländern. Auch übers Geld hat man von hier die Übersicht: Rund 150 Millionen Euro wurden in rund fünfzehn Jahren in die Entwicklung investiert, der Jahresumsatz stieg von anfangs 80 Millionen Mark in nur fünfzehn Jahren auf 2014 bereits knapp 390 Millionen Euro. Parallel wuchs die Drillberg-Mitarbeiterschaft von anfangs gut 80 auf rund 1.500 Menschen. Jung wie die Firma ist auch das Personal: Der Altersdurchschnitt liegt unter 34. Da muss man, logisch, auch an Familien denken. Den Drillbergern stehen mit dem Künzelsauer *Würtholino*-Betriebskindergarten Betreuungsmöglichkeiten zur Verfügung, von denen andere Werktätige nur träumen. Während der Ferien sind Mitarbeiter-Kinder von fünf bis zwölf Jahren ins *MiKi*-Sommerlager eingeladen, Flexibilitätsmodelle und Homeoffice ermöglichen, Kind und Karriere unter einen Hut zu bringen. Einzelne Mitarbeiter sieht man nur ein Mal wöchentlich im Drillberg-Office.

Stetige Nachverjüngung läuft auf dem Drillberg mit System: Rund 200 Auszubildende und DHBW-Studenten – jährlich rücken rund 70 »Neue« nach – sind bei der *WIS*, wie Mitarbeiter den etwas sperrigen Begriff *Würth Industrie Service* abkürzen, zu Hause. Sie werden vom ersten Tag an in die Abteilungen eingebunden und lernen die Firma umfassend kennen. Es sind, erklärt die für die Öf-

Würth-Schrauben sind weltweit im Einsatz

fentlichkeitsarbeit zuständige Stephanie Kozany, »unsere Mitarbeiter der Zukunft«. Das könnte jetzt schlicht ein Slogan sein. Könnte, ist aber nicht: Selbst die frischesten Frischlinge stecken unmittelbar mitten drin im Unternehmensgefüge und den Entwicklungen, »opfern« sogar den Feierabend, wenn alle anderthalb Monate beim »Talk um fünf« immer wechselnde Ressorts berichten. Reinschnuppern bei den Innovationsteams? Kein Problem. Das Redaktionsteam der Azubi-Zeitung, Auszubildenden-Projekte und vielfältige Angebote wie Betriebssportgruppen machen den Einstieg leicht. Der läuft auch international: Mitarbeiter und Praktikanten aus ganz Europa, den USA und Asien treffen sich in der Betriebskantine, Azubis sammeln ebenso Auslandserfahrung wie die DHBW-Studenten. Begegnungsort ist die Betriebskantine, in der an manchen Tischen drei- oder viersprachig kommuniziert wird.

Kommunikation und Beteiligung sind ohnehin Zauberwörter der Drillberg-Führungskultur: Wer mitmischt, meckert nicht. Nach innen wie nach außen setzt »WIS« aufs Wir-Gefühl. Intern sorgen Abteilungsunternehmungen und Firmenfeste für Zusammenhalt, extern fördert das Unternehmen gemeinnützige Einrichtungen, Vereine und

Projekte aus Kunst, Kultur, Forschung, Wissenschaft, Bildung und Erziehung. Gut gepflegt werden die Beziehungen zum gemeinnützigen Verein zur Integration von Menschen mit Handicap *Sprungbrett e. V.* und zur *Lorenz-Fries-Förderschule*. Die offenen Türen kommen allen Beteiligten zugute: Die Förderung sozialer Kompetenz gehört zum Ausbildungskonzept, wird etwa von der Auszubildenden-Projektgruppe »Soziales Lernen« bei ganz praktischen Inklusionsprojekten von gemeinsamen Ostereier- oder Weihnachtskartenbastelaktionen bis hin zum Schnupperpraktikum eingeübt.

Sie heben vielleicht ab da oben auf dem Drillberg – bis 2025 soll die Mitarbeiterschaft bei über 2.000 liegen, als Jahresumsatz wird eine Milliarde Euro anvisiert – aber abgehoben sind sie nicht. Die Mitarbeiter kommen zu 80 Prozent aus der Region, etliche sind schon zugezogen. Für Familien sei der Standort regelrecht genial, schwärmt Bürkert: erschwingliche Bauplätze, gesunde Umgebung, gut sortierte Bildungslandschaft, dazu medizinische Rundumversorgung und Wohngebiete, in denen man Kinder auch mal allein auf die Straße lassen kann. Hat der Mann einen Zweitjob im Stadtmarketing übernommen? Nein: Er wirbt fürs eigene Unternehmen, das – ganz egal, ob im eher ländlich geprägten Raum Jugend zur Mangelware wird oder nicht –, so Bürkert, »sicher auch weiter eine der am schnellsten wachsenden Firmen bleiben« werde. Nur bis 2017 dürften die Raumkapazitäten für die ebenfalls wachsende Verwaltung noch ausreichen, dann aber gelte es zu bauen. Erste Gespräche mit der Stadtverwaltung laufen schon.

WÜRTH INDUSTRIE SERVICE
INDUSTRIEPARK WÜRTH
DRILLBERG
97980 BAD MERGENTHEIM
WWW.WUERTH-INDUSTRIE.COM

22 Müllerdynastie am Tauberlauf!

Karl und Andreas Kuhn betreiben die Mühle Markelsheim

Der Fischreiher steht auf der Wiese hinter der Mühle. Mehrmals täglich macht er hier Station. Gut möglich, dass bereits seine Vorfahren nach ihren Angelgängen in der Tauber hochbeinig über den meist leicht feuchten Streifen Land stakten. Das alte Wasserrad der schon zur Zeit des Deutschen Ordens belegten Mühle dürfte die Vögel wenig gestört haben. So ganz genau weiß keiner, wie viele Mühlen einst an dem etwa 130 Kilometer langen Flüsschen betrieben wurden. Mancherorts, wo das Gefälle reichte, waren sie aufgereiht wie Perlen auf der Schnur. Aktuell sind es an die 30 Wasserkraftwerke, die entlang der Tauber CO_2-neutral Strom erzeugen.

Die Brüder Karl und Andreas Kuhn sind hier idyllisch aufgewachsen: Jenseits des Tauberstegs liegt ein Paddelboot, Fische bewältigen dank Fischtreppe problemlos Auf- und Abstieg, im Früh- und Abenddämmer zwitschern Vögel fast so, als wäre man dem Urwald nah. Hier sind sie aufgewachsen – mit Mahlwerk, Mehlstaub und der Turbinenwartung. Die war ein Riesenakt, aber dabei zu helfen, meist in den Sommerferien, denn Niedrigwasser war Voraussetzung für diese Arbeit, war ein echtes Highlight. Alle paar Jahre mussten die gusseisernen Schaufeln in der Turbinenkammer zerlegt und gründlich gereinigt werden. Man merkte es, wenn die Turbine schwergängig wurde. Dann hatte sich »Wasserstein«, Kalk, Rost und Algenschmiere auf der Maschine abgesetzt. »Schotten dicht« hieß es, wenn die unterhalb des Wasserspiegels liegende Turbinenkammer leer laufen musste, ehe sie sich gemeinsam mit dem Vater an die eigentliche Arbeit machen konnten. »Es erinnerte schon an U-Boot-Atmosphäre«, berichtet Karl Kuhn, wenn er an die Arbeit in der engen Turbinenkammer zurückdenkt. Er leitet den Mühlen-Betriebszweig *TauberEnergie*. In die Stromproduktion war bereits der Urgroßvater von Karl und Andreas Kuhn eingestiegen. Nur ein zwei Meter breiter und fast genauso hoher Holzschieber trennte vom nachdrängenden Tauberwasser, kleine Sickerbächlein kamen trotz aller Dichtungsversuche mit Stroh oder Mist immer durch. Es sei schon ein besonderes

Mahlwerk: hoch oben unterm Mühlendach

Gefühl gewesen, so »in einer Art Tropfsteinhöhle auf Augenhöhe mit der Tauber« zu sein, erzählen die Brüder. Auch »trocken« war die Kammer nass, trotz Watstiefelverpackung blieb kein Helfer trocken. Die riesige Turbine in der kleinen Kammer beengte bei jedem Arbeitsschritt. Mit einem Flaschenzug wurden dann Turbinendeckel und Schaufeln ans Tageslicht gehievt, draußen geschliffen, mit Stahlbürste und Flex blitzblank gewienert, dann neu gestrichen und wieder eingebaut. Ein bis zwei Tage war die Familie bei dieser Arbeit noch bis in die 90er-Jahre voll in Aktion.

Ururgroßvater Johann Kuhn aus Unterbalbach hatte die Taubermühle gekauft. Die Wasserräder betrieben die Gips-, Öl- und Getreidemühle. »Müller hatten schon immer einen technischen Verstand«, erklärt Andreas Kuhn, heute zuständig für den traditionellen Mühlenbetrieb. Bereits Josef Kuhn, der Sohn des Gründers, setzte auf Stromerzeugung: Seit 1898 wird in der Markelsheimer Taubermühle Strom erzeugt, anfangs ausschließlich für den Eigenbedarf. Erster externer Abnehmer war die Weingärtnergenossenschaft, die den Zug in die Neuzeit nicht verpassen wollte. Wind und Wetter zerrten an der Freileitung. Neuen Techniken begegnen Menschen mit Skepsis:

Privathaushalte zögerten, die Ortsverwaltung zeigte sich mutiger. Was wäre, wenn man die Straßenbeleuchtung umstellen würde von Petroleum auf Strom? Wer würde die Wartung übernehmen? Und überhaupt: wie viele Kerzen hell würde die moderne Beleuchtung werden? Markelsheim war der erste der heutigen Teilorte Bad Mergentheims, in dem das Zeitalter der Elektrizität anbrach. Für die Straßenbeleuchtung der Ortschaft – es ging, so hält es der erste Stromlieferungsvertrag fest, um die »Leuchtkraft von vier Kerzen« – zahlte die Gemeinde damals pro Jahr einen Obolus von 20 Mark. Der dann recht schnell wachsende Bedarf konnte kaum gedeckt werden. Um die Wasserkraft besser nutzen zu können, baute Josef Kuhn 1904 die erste Wasserturbine ein – und parallel eine Dampfmaschine, um auch bei schlechten Wasserständen zuverlässig Strom liefern zu können. Wenn bei Stromschwankungen das Licht flackerte, hieß es in Markelsheim noch lange: »Müller, leg e Scheitle drauf!« Auch Speichertechnik war vorhanden. An die seltsamen Batterien – Glasbehälter mit 40, 50 Zentimeter Kantenlänge – erinnern sich Andreas und Karl Kuhn noch. »Heute ist das wieder ein Thema, nach 100 Jahren in der gleichen Familie«, sagen sie. Zu gern würde man die an manchen Tagen entstehenden Einspeiseüberhänge speichern. Karl und Andreas Kuhn denken über Lösungen nach: »Personenwagen stehen heute zu 95 Prozent der Zeit still; Elektroautos könnten ein großes Pufferpotenzial bieten.«

Doch schauen wir noch kurz zurück in die Vergangenheit: Eigentlich hatte Josef Kuhn für 1909 vorgesehen, auch die Nachbargemeinden Wachbach und Apfelbach an sein Mühlenstromnetz anzuschließen. Eine Lungenentzündung kam dazwischen, der findige Müller starb überraschend. Sohn Hans Kuhn war noch Schüler und konnte natürlich den Betrieb nicht übernehmen. Josef Kuhns Brüder Peter und Valentin Kuhn führten den Betrieb weiter, bis Hans Kuhn unmittelbar nach Ende des Ersten Weltkriegs E-Werk und Mühle übernehmen konnte. Auch er gestaltete planvoll weiter, ersetzte 1927 die unwirtschaftlich gewordene Dampfmaschine durch zwei

Mühlenprodukt Strom – längst nicht mehr nur für Markelsheim

Dieselmotoren und baute eine zweite Turbine ein. Parallel wurde auch der Mühlenbetrieb entwickelt: drei Walzenstühle erhöhten die Leistungsfähigkeit, 1937 folgte die Aufstockung und Modernisierung der Mühle, 1938 wurde der erste Lkw zur effizienteren Belieferung angeschafft.

Die Elektrifizierungs-Insel wurde erst 1942 an die überregionale Stromversorgung angeschlossen. Der Grund dafür: Der Zweite Weltkrieg. Diesel zur Stromerzeugung war kaum noch zu bekommen, eine relativ sichere Stromversorgung nur über den Anschluss ans Überlandwerk Jagstkreis zu gewährleisten. Der Großvater, bekannt für seinen »Kuhn'schen Neujahrsgruß« – stets zu Silvester um Mitternacht schaltete er zwei, drei Mal kurz den Ortsstrom ab; den Schalter gibt's noch immer –, hat den beiden Enkeln noch viel erzählen können: wie vor der Währungsreform die Menschen mit Waschkörben voller Papiergeld kamen, um den Stromzins zu zahlen; wie man sich in den kargsten Zeiten mit Naturalienzahlungen über Wasser hielt; wie Albert, der aus Belgien stammende Kriegsgefangene, als hoch geschätzter Mitarbeiter in Markelsheim sein Lebensglück fand. Bis heute sind die Beziehungen zwischen den Familien nicht abgerissen.

Mit der ab 1949 erfolgten Umstellung von Gleich- auf Wechselstrom wurde in den Nachkriegs- und Aufbaujahren die Modernisierung fortgeführt: Erneuerung des Leitungsnetzes und die erneute Vergrößerung des Mühlengebäudes gingen Hand in Hand. Hans Kuhn übergab Mühle und E-Werk 1974 der vierten Generation: Karl Kuhn folgte in der Mühlendynastie, und gemeinsam mit seinem Bruder Norbert Kuhn gelang durch den Aufkauf des Igersheimer Wasserkraftwerks, das später an die Erben von Norbert Kuhn weitergereicht wurde, die Expansion des E-Werks. Karl Kuhn lenkte die Geschicke der Mühle und ab 1990 auch des E-Werks alleine – und gab sein Müllerwissen samt der Kenntnisse über die Turbinenreinigung wiederum an seine Söhne Karl Kuhn junior und Andreas weiter.

Die fünfte Generation der Markelsheimer Taubermüller setzt sich mit großem Engagement für Regionalität und Nachhaltigkeit ein – sowohl im eigentlichen Mühlenbereich, für den Andreas Kuhn, Müller- und Elektromeister, verantwortlich zeichnet, als auch im Energiesektor, den der diplomierte Betriebswirt Karl Kuhn leitet. Zu 100 Prozent wird die Strom-Grundversorgung in Markelsheim aus Wasserkraft sichergestellt – auch dank der neuen Turbine, die 2009 in die Wasserkammer eingebaut wurde. 500.000 Euro wurden hier investiert, um die alten 20- und 45-Kilowatt-Turbinen aus den Baujahren 1922 und 1939 auszubauen, die Wasserkammer komplett zu erneuern, den aus Naturschutzgründen sehr flach geneigten Fischabstieg zu gestalten und die neue Turbine, die rund 30 Prozent mehr Strom liefert als zuvor die beiden alten zusammen, fachgerecht einzubauen. Beim großen Umbau stießen Kuhns auf die Pfahlgründung der uralten Fundamente. Die Eichenpflöcke hatten sich im Tauberschlick unter Luftabschluss unglaublich gut erhalten. Lang halten dürfte auch die neue Turbine: Man rechnet mit einer Lebensdauer von rund sieben Jahrzehnten. Die nächste Taubermüller-Generation wird nicht mehr in die dunkle Wasserkammer klettern müssen.

TAUBERMÜHLE KUHN MARKELSHEIM
TAUBERENERGIE KUHN MARKELSHEIM
ENGELSBERGSTRASSE 1
97980 BAD MERGENTHEIM
WWW.TAUBERENERGIE-KUHN.DE

Medizin mit viel Herz und bester Technik

Mit Schwester Roswitha und Dr. Baum im Caritas-Krankenhaus

Durch diese Drehtür geht kaum einer unberührt. Mancher trägt manchmal schwere Sorgenpakete mit sich. Dann gilt es, im Caritas-Krankenhaus Bad Mergentheim einen schwer Kranken zu besuchen. Anderen singt das Herz: Ein neuer Erdenbürger hat das Licht der Welt erblickt, oder eine schwierige OP ist gut gelaufen. Schwester Roswitha Hirth kennt das alles bereits seit 1949. Sie gehörte zum ersten Ausbildungsjahrgang der gerade neu gegründeten Krankenpflegeschule des Caritas-Krankenhauses. Neun Deutschordensschwestern waren sie, dazu ein rundes Dutzend freie Schwestern.

»Helfen und Heilen, das war bei mir schon immer da«, erzählt die in Mähren aufgewachsene Schwester. 19 Jahre alt war sie, als russische Soldaten im Mai 1945 ihrer Mutter einen Revolver an die Schläfe hielten. Die hatte sich nicht gemeinsam mit den Mädchen des Dorfes auf dem Dachboden versteckt. Die Angst muss groß gewesen sein in dieser Nacht. »Wir hatten gute Schutzengel«, sagt Roswitha Hirth. Ihr Schutzengel begleitete sie auch während der Lager-Internierung, während des Transports über Prag bis nach Bayreuth und weiter durch ihr ganzes Leben. Klar vorgezeichnet sei ihr Weg gewesen: »Ich wollte immer Schwester werden«, erzählt die in ihren 90ern stehende Frau, die mit Gott und ihrer Welt umfassend einig ist. Ein paar Pfadfinder-Rosenkränze hat sie immer in den Taschen des weißen Habits bei sich. Die gibt sie gern weiter: Schon ein Gebet zu versuchen, helfe ein paar Schritte weiter.

Zwei Wochen nach ihrer Profess fand sie im in der ehemaligen Kaserne untergebrachten und noch eher notdürftig eingerichteten Krankenhaus ihre Lebensaufgabe. Zu der mit rund 100 Mädchen und fast ebenso vielen Jungen hoffnungslos überbelegten Kinderstation im dritten Stockwerk führte noch kein Aufzug. Auch fließendes Wasser fehlte: Nach der Tagesarbeit schleppten die Schwestern das Putzwasser eimerweise auf die Station, ehe sie sich ans Putzen und Wäsche waschen machen konnten. Dennoch stellte sich

Schwester Roswitha gehörte zum ersten Ausbildungsjahrgang

die junge Deutschordens-Schwester vom ersten Tag an voller Freude ihrer Aufgabe. Gekocht wurde gut, erinnert sie sich: Das versüßte auch den Kindern die langen Krankenhausaufenthalte – und forderte den Schwestern immense Laufleistungen treppauf und treppab ab. Dass das Krankenhaus eigene Schweine hielt, erzählt sie. Bis in die jüngste Vergangenheit unterhielt man auch eine hauseigene Metzgerei. Von Jahr zu Jahr verbesserte sich die Unterbringung der Patienten.

Schwester Roswitha, die in mehreren Stationen die Pflege leitete, begrüßte jede technische Neuerung, die Patienten zugutekam. Ein Feiertag, als bessere Betten eingeführt wurden, neue Matratzen die vorhandenen ersetzten! An die erste Herzoperation im Haus erinnert sie sich noch gut, ebenso an die Einführung von Telemetrie und Sonografie. Nach über 40 Jahren im Stationsdienst hätte sie eigentlich in den Ruhestand wechseln können. Stattdessen stieg sie ein in die Begleitung Schwerstkranker und Sterbender und ihrer Angehörigen. Die Jahrzehnte der Sterbebegleitung sind für sie die »segensreichste Zeit«. Das letzte auf dieser Welt sichtbare Aufstrahlen der Seele mitzuerleben: eine Gnade.

Als Gnade erlebt Schwester Roswitha auch die Fortschritte der Medizin. Strahlend begegnet sie auf dem Flur Ulrich Baum, der seit Ende 2008 Chefarzt des Instituts für Diagnostische und Interventionelle Radiologie am Caritas-Krankenhaus ist. Er ist Jahrgang 1966, stammt aus München und wechselte vom Radiologischen Institut des Universitätsklinikums Erlangen ans Caritas. Mit dem habilitierten Privatdozenten findet die Ordensfrau schnell in ein Fachgespräch über die Entwicklung der Radiologie, die inzwischen auch therapeutische Maßnahmen umfasst. Die Neuerungen der Computer-Tomografie und der Magnet-Resonanz-Tomografie interessieren sie besonders: Früher ängstigten sich Patienten oft vor der Untersuchung in der dunklen, engen »Röhre« mit lauten Klick- und Klopfgeräuschen. Heute ist es nur noch eine Art großer Ring, der keine Beklemmungen mehr verursacht. Sekundenschnell kann der 64-Schicht-Computertomograf den ganzen Körper untersuchen. Bei einer Hirnblutung oder einer Lungenembolie kommt es auf die Schnelligkeit ebenso an wie auf die Genauigkeit der sofort vorliegenden digitalen Aufnahmen bei der Tumordiagnostik. »Geringe Strahlenbelastung und schnelle Ergebnisse sind gut für die Patienten«, urteilt sie. Ungewissheit belastet, je länger desto mehr. Dass die behandelnden Teams fast unmittelbar Zugriff auf die sehr detaillierten Daten haben, ermöglicht den Teams der Fachabteilungen optimierte Behandlungsplanung, erläutert der Chefarzt. Als Radiologe hat er mit allen Fachdisziplinen zu tun. Er schätzt die fast täglichen interdisziplinären Konferenzen in den zwölf Fachabteilungen und die über 1400 engagierten Mitarbeitenden im Caritas-Krankenhaus. Ganz bewusst habe er sich für die Arbeit in diesem Haus, entschieden: »Der kirchliche Träger sieht Patienten auch als Menschen – nicht nur als wirtschaftliche Faktoren.«

CARITAS-KRANKENHAUS BAD MERGENTHEIM
UHLANDSTRASSE 7
97980 BAD MERGENTHEIM
WWW.CKBM.DE

24 Wilhelm, Karl, Albert und die Schafe

Kurdirektorin Katrin Löbbecke lädt in den Wilhelmsbau

Mit einem Schlückchen Karls- und einem Schlückchen Wilhelmsquelle ist die Bad Mergentheimer Kurdirektorin Katrin Löbbecke bestens für den Tag gerüstet. Im Kurpark trifft man sie nur selten: Die Arbeit ruft im Wilhelmsbau. Zu schade, denn etwa zur Baumerkundung, bei der im Kurpark Mammut-, Judas- und Götterbaum, Flügelnuss und Flatterulme zu entdecken sind, bräuchte sie doch etwas mehr Zeit. Ob Schafe sich das Baumgrün schmecken lassen würden? Eher nicht, obwohl doch hin und wieder ihr Geschmack ein wenig von der Norm abweicht. Es waren Schafe, die sich in der Neuzeit als Erste über das bitter und salzig schmeckende Nass hermachten. Heute steht hier der Pavillon der Wilhelmsquelle. Der Johanniterhof-Schäfer Franz Gehrig muss ein wacher Mann gewesen sein: Er kostete und meldete unverzüglich seinen Fund auf dem Rathaus. Am selben Tag noch – der 13. Oktober 1826 ging in die Bad-Geschichte ein – folgte die Erstbeprobung. 100 Jahre musste Mergentheim noch warten, bis die Stadt sich mit dem Titel »Kurbad« zieren durfte. Da hatte sich der Kurbetrieb längst etabliert: Zur kühlen, sanften Wilhelmsquelle, die in neun Metern Tiefe sachte sprudelt, war bereits 1828 ein zweiter Quell hinzugekommen: die in 27 Metern Tiefe erschlossene Karlsquelle. Gerüstet mit diesen beiden Bornen startete Mergentheim bereits im Juni 1829 in seine erste Kursaison. 1927 bohrte man ganz gezielt nach neuen Quellen. Bald sprudelte die Karlsquelle II – und die Albertquelle, ein »stürmischer Salzriese«, der 31 Meter unter dem Bodenhorizont gefunden wurde.

Das Quellentrio bietet erstaunliche Vielfalt: *Wilhelm*, der »verträglichste Frühschoppen im Henkelglas«, wie der ehemalige Kurarzt Wolfgang Sàlat betont, hilft Galle, Pankreas, Magen und Darm sanft auf die Sprünge; *Karl* wird verordnet bei chronischen Stoffwechselerkrankungen; und *Albert* regt nicht nur die Galle an, sondern kuriert, gegurgelt, auch Halsschmerzen und schützt gegen Erkältungsschübe. »Es sind die Quellen, die Bad Mergentheim zur Kurstadt machten«, betont auch Kurarzt Heinrich Ilse, der bedauert, dass der Zeitgeist

Jürgen Schulz wirbt als »Schäfer Gehrig« für die Mergentheimer Heilquellen

irgendwie nicht mehr recht warm wird mit dem Brunnengeist: Die Wässer helfen, doch das Wissen ob ihrer Kraft geht immer mehr verloren. Das war schon früher so: Um 1200 v. Chr. hatten bronzezeitliche Taubertalbewohner die Quellen schon genutzt, 600 Jahre später gelang keltischen Taubertalern Wiederentdeckung und Nutzung. Unwetter und Hangrutsche hatten den Menschen damals wohl ihre Heilquellen genommen. Heute könnten zumindest theoretisch Schäden eher aus anderen Gründen drohen: Fracking zur Schiefergaserkundung etwa würde in allen Kurbädern, die aufs Wasser setzen, das Grundwassergefüge gehörig durcheinanderbringen. Doch die Bäder sind gut vernetzt, haben über den Deutschen Heilbäderverband, dem neben Bad Mergentheim weitere rund 250 hochprädikatisierte Heilkurorte angehören, deutlich gewarnt. Bad Mergentheim schützt seine Quellen mit klarer Rechtsverordnung und durch die Ausweisung eines gut 25 Quadratkilometer umfassenden Heilquellenschutzgebiets.

Eher schon werde, darin sind sich Kurverwaltung und Wissenschaftler, die das Kurgefüge untersuchen, einig, eine ganz andere Gemengelage die Kur bedrohen: Da Kassenleistungen nur noch eher schwächlich sprudeln, sind potenzielle »Kurlaub«-Kunden durchaus hellhörig geworden für das seit Öffnung der innereuropäischen Grenzen gewachsene Konkurrenzangebot auf dem Heilbad-Sektor. Und: Wie Krankenkassen und Arbeitgeber setzen auch Mediziner und Patienten zumindest derzeit auf die Turbo-Therapie dank Pille. Keine Frage: Die Ärzteschaft verfügt über hervorragende Medikamente, die vieles richten können. Doch wenn selbst in der Kurstadt

Kurärzte, die sich für die zwar langsamere, dafür aber oft nachhaltigere Gesundung einsetzen, zur Mangelware werden, und selbst die Kurstädter ihr Bürgerrechts-Privileg zur kostenlosen Abholung ihres Heilwasservorrats nur noch wenig nutzen, weicht ein zentraler Kern des Kurbads auf. Dass die Kurbadidee samt Heilwasserkur heute leicht »angestaubt« wirkt, ist dabei fast absurd: Schließlich gibt es mit dem *Bad Mergentheim Wolfpack* eine immens agile Truppe, die dank eines eigens entwickelten »Zaubertranks« auf der Basis der hiesigen Heilquellen die verflixt anstrengenden vier jeweils 15-minütigen Spielzeitviertel eines American Football-Matchs ohne Wadenkrämpfe und nachfolgenden Muskelkater bestens durchsteht. Wie genau sie ihren »Zaubertrank« mixen, verraten sie nicht. Karlsquelle, Wilhelmsquelle, Apfelsaft und Traubenzucker sind drin in ihrem Energiedrink aus der Natur. Patienten setzen in Sachen Prävention und Heilung ebenfalls zunehmend auf sanfte Wirkung. Alternative Behandlungen, Homöopathie, Heilpraktiker, Kräuterwissen sind gefragt wie selten, und selbst das Bildungsbürgertum kann sich dem Trend zu Heilstein, Wassersegen und Schamanenkunde kaum noch entziehen.

Mit jeder Menge Engagement, viel Fantasie, Esprit und Charme nimmt Katrin Löbbecke als Kurdirektorin die Herausforderung an. Sie stammt aus Hameln, studierte in Heilbronn, war unter anderem im hippen Ostsee-Seebad Timmendorfer Strand als Kurdirektorin tätig. Im Herbst 2006 nahm sie als erste Frau Platz im Mergentheimer Büro des Kurdirektors. Wunderbar habe man sie aufgenommen, nicht nur in der Kurverwaltung im Wilhelmsbau, auch in der ganzen Stadt. Das Netzwerk stand: Im Rathaus fand sie jederzeit Ansprechpartner; das Mitarbeiterteam mit rund 50 Kollegen und Teilzeitkräften war und ist schlicht »ein Traum!«, die Aufgabe jedoch immens. Die Gesundheitsstruktur-Gesetzgebungen beutelten das Kurwesen, auch in Bad Mergentheim stand mit dem Ziel der Defizitverringerung schlicht »alles auf dem Prüfstand«. Manches war schmerzlich: »Wer spricht gern Kündigungen aus?« Katrin Löbbecke stellte sich

Lieblingsort der Kurdirektorin: der Klanggarten

persönlich den Gesprächen, die etwa bei der Auflösung des von den Mergentheimern innig geliebten Kurorchesters anstanden. Auch rückblickend ist angesichts dieser schwersten Entscheidung ihrer gesamten Laufbahn noch Traurigkeit zu spüren. Es half nichts: Es galt zu sparen, ob beim Personal, bei Veranstaltungen, bei der Bepflanzung, den Schließzeiten – und zwar so, dass die Gäste auch nach den Sparschnitten nichts missen würden. Beim Orchester hat das geklappt: Die meisten Besucher geben dem nun auf Honorarbasis aufspielenden Kur- und Salonorchester *Hungarica*, das während der Sommersaison mit sieben, in der Nebensaison mit vier Musikern antritt, Bestnoten. Das gilt auch für die Parkanlagen: Dass die Gärtner mit gutem Gespür für die Wahrnehmung pflegeintensive Blumenbeete durch Bepflanzungen ersetzten, die weniger Pflege- und Bewässerungsaufwand benötigen, fiel nur den wenigsten überhaupt auf, und wenn, führten sie die Umgestaltungen auf eine gelungene Anpassung an klimatische Bedingungen zurück. Bei der ebenfalls getesteten Verkürzung der Gläserausgabezeiten machten die Nutzer den Planern allerdings einen Strich durch die Rechnung: Gerade »Wiederholungstäter«, kenntlich durch bunte Chips am privaten Henkelglas, zogen nicht mit. Wer kurt, will sich nicht von der Uhrzeit treiben lassen.

Die Einsparstrategie ist eines – viel wichtiger jedoch ist gekonnt heitere Präsentation. Für die sorgt seit einigen Jahren Jürgen Schulz, der als Bad Mergentheimer »Schäfer Gehrig« schon oft auf Messen war und besten Zuspruch fand. Seit Neuestem sorgt der Gradierpavillon für Paulsquellenfrische Salzluft, perfekte Ergänzung zum Schnupperparadies des Rosengartens, zur meditativen Ausstrahlung des Japangartens und zum Klanggarten, Löbbeckes ganz persönlichem Lieblingsplatz. Mit engem Schulterschluss begegnet die an Sanatorien, Kur- und Krankenhäusern reiche Gesundheitsstadt künftigen Herausforderungen. Punkten lässt sich mit vielem: Die nagelneu gestaltete Solymar Therme lockt, der Golfplatz, die Natur und die Museumslandschaft, das Stadtbild und selbstverständlich auch das gastronomische Angebot der Weinregion, das sich perfekt ins Kur- und Kurstadtmotto »Auftanken – Erholen – Genießen« schmiegt.

Dass ausgerechnet der Quellentdecker Franz Gehrig kaum etwas hatte von seinem wachen Geist, ist einfach ungerecht. Als man 1832 in Geldnot kam, ließ man den bis dahin als Brunnenmeister beschäftigten Schäfer kühl im Regen stehen. Er schlug sich durch als bitterarmer Tagelöhner, bis er mit 73 Jahren – ein Vierteljahrhundert nach seiner Quellfundmeldung auf dem Rathaus – 1851 schon fast komplett vergessen starb. Alljährlich zum Geburtstag bringt Katrin Löbbecke einen Strauß Blumen zum Schäfer-Gehrig-Denkmal.

KURVERWALTUNG BAD MERGENTHEIM GMBH
LOTHAR-DAIKER-STRASSE 4
97980 BAD MERGENTHEIM
WWW.BAD MERGENTHEIM.DE

Marie Issing: Marketing-Fachfrau der Solymar Therme

Als sie sich vorstellte bei ihren künftigen Arbeitgebern, war die künftige Arbeitsstätte noch eine Baustelle. Die riesige Rohbauanlage mit dem noch leeren Bad hätte auch abschreckend wirken können. Marie Issing ließ sich nicht schrecken. Sie stammt aus Würzburg, hat seit 2012 den B.A.-Abschluss Mediamanagement in der Tasche. Was könnte es Spannenderes geben, als ein Projekt wie die *Solymar Therme* von Anfang an zu begleiten? »Jeder mit Marketing-Faible muss darauf anspringen!«

Mit Beginn des Probebetriebes stieg sie ein – mit Planung der Eröffnungsfeier, Entwicklung des *Solymar* Thermenmagazins und erster Imagebroschüren. Was aus dem Baustellen-Ei schlüpfte, kann sich sehen lassen: Mit Vital- und Solebad, Sport- und Familienbad, großzügigem Sauna- und Spa-Bereich, dazu einer Gastronomie sowie vielen und vielfältigen Events, die die Therme immer wieder ganz neu erlebbar machen, bietet die Anlage für jeden etwas. Freitags gibt's bei Kerzenschein die »Nacht der Lichter«, samstags den Motto-Saunatag und im Hallenbadbereich den Familienspieltag, mittwochs den Tag der Gesundheit mit erweitertem Wassergymnastik-Kursangebot, gesunden Snacks und Überraschungen. Ideenreichtum ist ein Qualitätsmerkmal von Marie Issing, die diese Arbeitsstelle auch der vielfältigen Zielgruppen wegen hoch spannend findet.

Da ist erst mal die Kur: Einzig im Sole-Mineralbereich kann man so unbeschwert-heiter von Kopf bis Fuß eintauchen ins Mergentheimer Heilwasser. Paulsquelle pur auf zwei Etagen! Die als jüngste im Viererbund der Mergentheimer Heilquellen 1952 in einer Bohrtiefe von 550 Metern erschlossene Paulsquelle ist als kohlensäurereicher Natrium-Chlorid-Säuerling eine reine Badequelle, die bei Gelenk- und Wirbelsäulenleiden Erleichterung verschafft und Hauterkrankungen wie Neurodermitis und Schuppenflechte lindern kann.

Zwei Mineralbecken – eines drin, eines draußen – auf Erdgeschossebene warten mit zahlreichen Wasserattraktionen wie Strömungskanal, Nackenduschen und Massagedüsen auf. Besonders faszinierend ist das Erlebnis im Winter, wenn Eiseskälte das 34 Grad warme Wasser mit

Thermengenuss unterm künstlichen Sternenhimmel

einem Nebelteppich überzieht. Eine Treppe höher können Gäste im Lithiumbad bei 37 Grad Wassertemperatur neben Stressabbau gute Laune regelrecht »erbaden«, im Magnesiumbad der Hautbarriere, im Kalziumbad der Stabilität der Knochen etwas Gutes tun. Sanfte Massage auf Sprudelliegen gefällig? »Man muss es ausprobieren!«, fordert Marie Issing auf.

Zur Ruhe kommen kann man im von einem künstlichen Sternenhimmel überspannten Meditationsbecken. Spätestens wenn's draußen dunkel wird, entfalten sich ganz nebenbei die Seelenflügel. Wer Urlaub nehmen will von sich und der Welt, kommt ohnehin an einem Thermentag zwischen Licht, Wasser und viel Grün auf seine Kosten. Für »Entspannung pur« ist der großzügige Spa-Bereich Garant. Fachkräfte verwöhnen mit Massagen. Verspannter Nacken nach stressigem Bürotag? Kein Problem: Gekonnte Griffe lockern und entspannen. Hot Stone gefällig? Gibt's selbstverständlich! Wer eine Auszeit sucht vom Karussell im Kopf, hat freie Wahl. Ganz nach Bedarf wirken die Kräuterstempel- und Aromaöl-Massagen erfrischend oder besänftigend bis zur Totalentspannung. Dazu die Saunalandschaft! Die bietet im zweiten Obergeschoss im Innen- und im Außenbereich eine vom Dampfbad über Klang-, Bio-Kräuter- und Himalaja-Salzsauna bis zur traditionellen Aufgusssauna im Holzblockhaus reichende Auswahl. Dazwischen finden Saunafans verschiedenste Wasser- und Tauchbecken samt großzügig landschaftsgärtnerisch gestalteten Liege- und Entspannungsflächen mit grandioser Aussicht über die Mergentheimer Dachlandschaft.

Sportlich und quietschvergnügt geht's zu im Sport- und Familienbad. Im Eltern-Kind-Bereich speit der Drache Wasser, Kleinstkinder schließen Freundschaft mit dem feuchten Element. Hoch spritzt das Wasser auf, wenn nebenan die Wasserrutschefans aus der 82-Meter-Röhre der blitzblauen Reifenrutsche oder der etwas kürzeren »Sun Slide«-Bodyrutsche im Auslaufbecken landen. Dank zwölfprozentigem Gefälle erreichen Könner hier locker rasante 35 Stundenkilometer. Dass kleine Wasserratten ihr Lehrschwimmbecken, Schwimmer ihr Sportbecken vorfinden, versteht sich ohnehin von selbst.

Marie Issing hat ihren Traumjob gefunden: »Kein Tag ist wie der andere«, schwärmt die Marketingleiterin. Und das Drumherum? Ist ihr die Kurstadt nicht zu klein? Nein, sagt sie: »Kein Problem. Man hat hier alles, was man braucht, dazu Natur mit reichlich Möglichkeiten für Outdoor-Aktivitäten.« Sie verleiht Bad Mergentheim das Prädikat »klein, aber fein«, und außerdem besteche die Kurstadt durch gute Erreichbarkeit großer Städte. Familie und Freunde hat sie unter anderem in München und Nürnberg. Man kommt gut hin und her. Das hat Marie Issings Freundeskreis eigens privat getestet. Es klappt: Auch ohne Auto konnte die Truppe in der *Solymar Therme* Station machen. Sie schwärmen immer noch vom Bad Mergentheimer Urlaubstag mit Sauna, Mineralbad, Wellness und der Riesenrutsche.

SOLYMAR THERME
ERLENBACHWEG 3
97980 BAD MERGENTHEIM
WWW.SOLYMAR-THERME.DE

26 Entspannung! Fast wie ein Tag am Meer

Christa und Dieter Arweiler und ihre Salzoase in Stuppach

Die Eheleute Christa und Dieter Arweiler kennen sich von klein auf. Beide sind Ur-Stuppacher, fast Haus an Haus aufgewachsen und können sich schlichtweg nicht vorstellen, woanders zu wohnen. Die Ortschaft, die Landschaft, die Natur und die Menschen würden ihnen fehlen. Nein, weg bringt sie keiner von hier.

Beschaulich klingt das, nach einer Stetigkeit, wie man sie kaum noch findet heutzutage. Doch alle paar Jahre treibt es besonders Dieter Arweiler um. Dann sucht der gelernte Maurer eine neue Herausforderung. Insbesondere im Bereich Gesundheit müsse er immer mal wieder etwas Neues lernen und anpacken. Eine Gesundheitsberaterausbildung hat er absolviert, sich mit manueller Komplementärtherapie für Rücken- und Gelenkbeschwerden auseinandergesetzt, Reiki-Kurse belegt, eine Prana-Ausbildung durchgezogen. Den Hauptjob hat er dieses Interesses wegen schon vor geraumer Zeit in eine Teilzeitbeschäftigung umgewandelt.

2011 war's wieder so weit. Diesmal packte ihn und seine Frau der Natursalz-Virus. Für die »Infektion« sorgte eine Ulmer Bekannte, die in ihrem Salzladen nicht nur viele köstliche Natur- und Kräutersalze anbot: »Wir konnten bei ihr sogar an einem kompletten Tisch aus Salz sitzen – auf einer Bank aus Salz.« Salz in der Wohnung? Die Idee lockte. Arweilers machten sich schlau, erfuhren etwa, dass Salz in alten Mythen Symbol für Göttlichkeit und Reinheit ist. Sagen berichten, dass Salz Dämonen und Hexen bannt. Die Sitte, Freunden beim Einzug in neue Räume Brot und Salz zu reichen, hat sich bis heute vielerorts erhalten. Sie lernten, dass jeder Liter Meerwasser etwa 35 Gramm Salz enthält und der Mensch pro Tag fünf bis sechs Gramm des Weißen Goldes – in China und Afrika dienten Salzmünzen und Salzbarren sogar als Währung – braucht. Die Salzversorgung ist bis fast in die Ewigkeit gesichert: Der weltweite Vorrat beläuft sich auf rund 100 Billionen Tonnen. Nun ist's mit Salz wie mit manch andrem Ding: Im Übermaß genossen, ist es schädlich.

Jedoch, es muss nicht immer Würze sein. Bereits der altägyptische Arzt Imothep erkannte die entzündungshemmende Wirkung von

Salz für jeden Geschmack gibt es im Stuppacher Salzladen

Salz und Sole, die wohltuende Wirkung salzhaltiger Meeresbrisen oder Gradierwerknebel hat wohl fast jeder schon einmal verspürt. Genau auf diese Wirkung setzen gesundheitsbewusste Besucher von Salzstollen, Salzgrotten oder Salzoasen – und auf genau diese Wirkung wollten Arweilers, nachdem sie sich geraume Zeit mit der Thematik befasst hatten, nicht mehr verzichten. Kurz entschlossen haben sie die ehemalige Einliegerwohnung im Erdgeschoss ihres hoch über der Ortschaft gelegenen Hauses dem Salz gewidmet, einen Raum zur Natursalz-Oase umgestaltet und einen weiteren zum Salzladen. Gut drei Monate haben sie gemeinsam mit ebenfalls in Stuppach lebenden Familienangehörigen geschuftet, um sechs Tonnen Salz – Salzblöcke, um genau zu sein – fachgerecht zu verbauen. Die Blöcke stammen aus dem Himalaja, wurden sorgsam in einem Stollen in Nordpakistan gebrochen. Hochreine, relativ durchsichtige Salzblöcke sind es, die als Fußbodenplatten und Wandverkleidung angebracht wurden. Mancher Stuppacher dürfte sich über das etwas »verrückte« Unternehmen amüsiert haben, bei dem Arweilers Wert darauf legten, auch eine Art Sandkasten auf Salzbasis für Kinder in ihre Salzoase zu integrieren. Hm. Arweilers haben keine Kinder. Vielleicht aber würden sich ja Freunde, Bekannte, eventuell sogar Kunden ihrer Salzbegeisterung anschließen? Die kämen möglicherweise mit Kindern.

Arweiler unterfütterte den Salzplattenfußboden mit einer Fußbodenheizung und hinterlegte die Wände mit Leuchtschleifen. Die Frontseite des Raums wurde als Lichtwechsel-Farbtherapiewand gestaltet. Wenn es sich Gäste zum ersten Mal in der Natursalz-Oase bequem machen, können sie trotz leiser über Speziallautsprecher eingespielter Entspannungsmusik und beruhigend über die Mini-Gradieranlage plätscherndem Wasser der Versuchung nicht widerstehen, die Augen offen zu halten: Man sitzt oder liegt bequem in leichte Decken eingehüllt, und wenn es langsam dunkler wird im Raum, faszinieren die Muster der Salzsteine, ehe die dem Farbspektrum des Regenbogens nachempfundenen langsamen Farbwechsel einsetzen. Man muss nicht südasiatischen Lehren Glauben schenken, um die an der Chakrenlehre ausgerichteten Farbwechsel als angenehm und entspannend zu empfinden. Irgendwann wird es nachtdunkel im Raum, und an der Decke leuchtet ein Nachthimmel auf, ehe es langsam, als ginge die Nacht in Morgenrot über, im Raum wieder heller wird. Wer eine Brille auf der Nase hatte, wundert sich über die schlechtere Sicht: ultrafein vernebelte Sole hat sich auf den Gläsern niedergeschlagen.

Etliche Besucher kommen immer wieder, schätzen die Zeit der Entspannung. Erste Gymnastikgruppen haben den Raum entdeckt, ein besseres Raumklima etwa für Atemgymnastik ist schwerlich zu finden. Den Nachbarn gefällt's ebenfalls: Wenn einer eine Erkältung bekommt, ist er da. Vielleicht auch deshalb ist in Stuppach kaum je ein Mensch so richtig verschnupft.

NATURSALZOASE STUPPACH
IM KIRCHWEINBERG 20
97980 BAD MERGENTHEIM
WWW.SALZOASE-STUPPACH.DE

DLRG
IGENTHEIM - WACHBACH
Förderverein
FREIBAD
e.V.
DLRG
Wachbach

27 Ein Dorf steht ein für Wasserfreuden!

Loni Bertsch und Dietmar Barnikel erhalten das Bad Wachbach

Wo sich die DLRG-Ortsgruppen-Vorsitzende Loni Bertsch und Dietmar Barnikel, Vorsitzender des Fördervereins Freibad Wachbach, am wohlsten fühlen, ist keine Frage: Im Sommer findet man sie beinahe nur im Freibad. Das hätte auch ganz anders kommen können: 2003 stand das Bad kurz vor der Schließung.

In Mergentheim wütete das Sparzwang-Monster, Stadträte und Verwaltung brüteten über Lösungswegen. Fast 110.000 Euro Abmangel fürs Planschvergnügen jährlich, befanden sie an einem düsteren Frühwinterabend in zunächst nicht öffentlicher Vorberatung, sei angesichts anderer zwingend zu tragender Lasten einfach viel zu viel. Die trübe Novemberbotschaft des Jahres 2003 sprach sich in Wachbach wieselschnell herum: »Ein echtes Lauffeuer«, erinnern sich bis heute viele der 1200 Einwohner, die sich flugs zur Rettung ihres Freibads zusammentaten. Bei Mitgliedern des Ortschaftsrates, in der DLRG-Ortsgruppe, in sämtlichen Vereinen, im Grunde kreuz und quer durch den ganzen Ort liefen die Drähte heiß.

Es galt, eine Institution zu retten. Schließlich war das Wachbacher Freibad 1937 als allererstes im Altkreis Mergentheim in der damals noch selbstständigen Ortschaft gebaut worden. Seither hatte sich die Badeanstalt tapfer gehalten und sich fünf Jahrzehnte später mit grundlegender Erneuerung fit für die Gegenwart gemacht. Als OB Mauch das sanierte Bad im Spätsommer 1988 bei strömendem Regen der Öffentlichkeit übergab, rieb sich das Publikum angesichts der wesentlich erweiterten Liegewiese und des neu gestalteten Kinderbereichs erstaunt die Augen. Selbst einen eigenen Schwimmmeister spendierten die Mergentheimer Kommunalvertreter damals dem Bad – und die 1962 gegründete DLRG-Ortsgruppe, zuvor stark eingespannt bei Wasseraufsicht und Badbetreuung, atmete auf. Neben den Kernaufgaben wie Schwimmkursangeboten in Wachbach, Übungsabenden und Wachstunden im *Solymar* stemmte die seit 1962 auf knapp 200 Mitglieder angewachsene Ortsgruppe 1991 das erste 24-Stunden-Schwimmen, ein echtes Groß-Event. 2002 hatte man das erneut durchgezogen – und nun die Schließungsdrohung!

Wenn's um ihr Freibad geht, zeigen Wachbacher, was Zupacken heißt

Proppenvoll war es in der alten Turnhalle, als der Ortschaftsrat im Spätherbst 2003 das Thema in öffentlicher Krisensitzung beriet. Selbst Stehplätze waren nicht mehr zu ergattern. So etwas kann leicht aus dem Ruder laufen. Doch nein: statt Chaos konstruktive Vorschlagssuche. Ergebnis Nummer eins: »Wir gründen einen Förderverein!« Ergebnis zwei: »Die DLRG-Ortsgruppe steigt wieder in die Wasseraufsicht ein.« Mit solch ehrenamtlicher Abdeckung der Personalkosten war bereits ein gutes Stück vom Abmangelkuchen weggeputzt. Dem Engagement konnte sich weder OB Barth noch der Kurstadt-Gemeinderat verschließen.

Dass sich die Aufbruchsstimmung hielt, ist neben den DLRG-lern dem im Januar 2004 gegründeten *Förderverein Freibad Wachbach* zu verdanken. So gut wie jeder Wachbacher Haushalt und etliche Einwohner aus der Dorfnachbarschaft sind unter den inzwischen rund 550 Fördervereinsmitgliedern vertreten. Zahllose Ehrenamtsstunden investierten sie gemeinsam mit den örtlichen DLRG-lern – fast jedes Mitglied dort ist auch im Förderverein aktiv – und Unterstützern des Bades, das dank enormem ehrenamtlichem Engagement seinen Gästen Jahr für Jahr Neues präsentiert. Rutschen führen ins Kinder- und ins

Sportbecken, die Tischtennisplatte steht kaum mal unbenutzt, auf dem Beachvolleyballplatz tummeln sich Sportliche, der Matschplatz mit Wasserpumpe ist bei den Kids der Hit – allenfalls noch zu toppen vom Piratenschiff. Beinahe Inselatmosphäre verbreitet der erst jüngst geschaffene komplette kleine Sandstrand. Finanziert werden solche Dinge durch Veranstaltungen wie regelmäßige Freibadfeste, für die dann der halbe Ort zum Kuchen backen, Grillen, für Unterhaltungsaktionen und so weiter in die Freiwilligenpflicht genommen wird. Spritzige Aktionen kommen bestens an: Beim »Fischerstechen« stehen sich schon mal politische Amtsträger auf wackligen Flößen gegenüber, im Frühling wurde das Bad auch schon im Schlafanzug aus dem Winterschlaf gerüttelt.

Die gemeinsame Plackerei vom großen Frühjahrsputz bis zur Einwinterungsaktion schweißt zusammen, berichtet der Fördervereinsvorsitzende, der immer mit von der Partie ist: »Wir sind schon fast zur Freibad-Familie geworden.« In dieser Familie wird dafür gesorgt, dass zumindest jedes Wachbacher Kind vor der Einschulung schwimmen kann – nach kostenlosem Schwimmkurs. Das dürfte dafür sorgen, dass sich auch die nächste Generation für den Fortbestand des Wachbacher Freibads stark macht. Zu tun gibt es genug: Die Neugestaltung von Eingangsbereich und Parkplatz haben sie sich vorgenommen, die Becken-Neubeschichtung, als Fernziel die Gestaltung eines Raums für die Wachbacher Vereine. Der Anfangssatz von 2004 – »Wenn man so ein Bad hat, muss man es einfach erhalten« – kann fortgeschrieben werden mit »… und fortgestalten«. Die Wachbacher tun genau das und gestalten mit gemeinsamem Ganzjahresengagement ihr ureigenes Wachbacher Familienbad-Sommerparadies.

FREIBAD WACHBACH
DORFSTRASSE 128
97980 BAD MERGENTHEIM
WWW.FREIBAD-WACHBACH.DE

28 Auf stillen Pfaden Ruhe finden

Mit Christa Zechlin auf dem »Pfad der Menschenrechte«

Wer eine Auszeit aus dem alltäglichen Getriebe sucht, ein wenig denken, sinnieren oder still werden will, wer Ausschau halten will, hat es vom Kurpark aus nicht weit zum Arkauwald. Nur etwa einen Kilometer Fußweg oberhalb des Kurparks liegt das lichte Waldstück. Christa Zechlin fühlt sich dem Wäldchen auf besondere Weise verbunden: Sie gehört seit über drei Jahrzehnten zur Bad Mergentheimer Gruppe von *Amnesty International*, die hier anlässlich des 60-jährigen Jubiläums der *Allgemeinen Erklärung der Menschenrechte* einen *Pfad der Menschenrechte* gestaltet hat.

Die Gruppensprecherin stammt aus Sachsen, damals DDR. Sie war zwölf Jahre alt, als die Familie nach Enteignung und der schockierenden Erfahrung, dass der Vater mehrfach verhaftet worden war, im Westen eine neue Heimat suchte. Sie landeten im Schwarzwald, bepackt mit Diktaturerfahrung und falschem Dialekt. So lernt man, was es heißt, fremd zu sein. So etwas macht sensibel fürs Thema Menschenrechte und Diskriminierung. Da fiel die Aktion einer Schülerin, die ihre Französischlehrerin 1982, fünf Jahre nach Gründung der Mergentheimer ai-Gruppe, zu einem Amnesty-Abend mitschleppte, auf fruchtbaren Boden. Nach Referendariat und Auslandsjahr hatte die junge Lehrerin Bad Mergentheim erst einmal auf der Landkarte suchen müssen, als ihr hier am Deutschorden-Gymnasium die erste Stelle angeboten worden war. Wieder fortgezogen aus der Kurstadt hat es sie nie: Stadt und Schule waren schnell berufliche und private Heimat geworden.

Christa Zechlin ist alles andere als ein Vereinsmeier, aber zur Amnesty-Gruppe kam sie immer wieder. Dass sich die Organisation weltweit für die Einhaltung der Menschenrechte einsetzt, immer wieder den Kampf aufnimmt gegen Folter, Todesstrafe, politische Morde und das »Verschwinden lassen« von Menschen, passte zu ihr. Ganz unmittelbar und gemeinsam mit vielen Mitstreitern einen Beitrag leisten zu können zur Freilassung gewaltloser politischer Gefangener, die nur aufgrund ihrer Überzeugung oder Religionszugehörigkeit, ihrer Hautfarbe oder ihrer Herkunft wegen in Haft sind: Das war überzeugend.

Die Tafeln im Arkauwald werben für die Allgemeine Erklärung der Menschenrechte *– hier für das Recht auf Freizügigkeit und Asyl*

Rund drei Millionen Menschen aus mehr als 150 Ländern gehören als Mitglieder und Unterstützer der 1961 in London gegründeten Nicht-Regierungs-Organisation an. In Deutschland gab es *Amnesty* schon ein paar Wochen nach der Londoner Initialzündung. Inzwischen halten rund 30.000 Mitglieder in lokalen Gruppen wie der 1977 in Bad Mergentheimer gegründeten ai-Gruppe 1626 das Bewusstsein für Menschenrechte wach. Seit über drei Jahrzehnten ist Christa Zechlin engagiert mit dabei, wenn es darum geht, in Petitionen und Informationskampagnen für die Einhaltung der Menschenrechte zu werben und den Schutz von Menschenrechtsverteidigern und Flüchtlingsrechten einzufordern. Die kleine Gruppe belässt es nicht bei Briefaktionen: 2006 stellten die Mitglieder mitten in der Innenstadt eine »Klagemauer« auf, um gegen Folter zu protestieren; 2010 provozierten sie mit einem »Gerümpelberg« Aufmerksamkeit für das Thema Zwangsräumung, das Menschen selbst ihrer ohnehin schon miserablen Unterkünfte beraubt und ihnen das Heimatrecht nimmt. Unübersehbar war auch die Aktion gegen die Todesstrafe. In lilafarbener Beleuchtung machte da das komplette Deutschordensschloss aufmerksam auf die noch immer ausstehende weltweite Abschaffung der Todesstrafe. Die fordert Amnesty unter Verweis auf

Artikel 3 der UN-Menschenrechtscharta. »Wir finden viele offene Türen«, betont die Gruppensprecherin. Die Gruppe ist verankert in der Kurstadt: Schulen, Geschäfte, Banken, Kirchengemeinden, das Kino und öffentliche Einrichtungen unterstützen immer wieder die Anliegen der Gruppe. Das galt auch, als sich die Gruppe 2008 anlässlich des 60. Geburtstages der Allgemeinen Erklärung der Menschenrechte daran machte, im Arkauwald über der Kurstadt den »Pfad der Menschenrechte« einzurichten. Auf 16 Tafeln begegnen Spaziergänger im Arkauwald den 30 Artikeln der wegweisenden UN-Erklärung.

Christa Zechlin trifft hier immer wieder Menschen, die nachdenklich vor den Tafeln stehen. Mit Schülern war sie häufiger hier oben. Bei den Tafeln 23, 24 und 26, die das Recht auf Arbeit, Freizeit und Bildung thematisieren, halten die Schüler immer wieder erstaunt inne: Das Recht auf Freizeit würden sie ja jederzeit selbst einklagen – aber muss man Bildung als Recht festschreiben? Für sie ist Schule oft eher Pflicht als Recht. Spannende Diskussionen werden da geführt – und, ja, sie führen weiter. Man sollte sich immer mal wieder die Zeit nehmen, nachzudenken über Artikel wie das Recht auf Freiheit, Freizügigkeit und freie Meinungsäußerung, über Versammlungsfreiheit, das Recht auf Teilhabe am kulturellen Leben, Versammlungsfreiheit und Asyl.

»Es ist ein großartiges Dokument der Menschheit«, sagt Christa Zechlin. »Wenn man allen Menschen diese Rechte gewähren würde, wäre die Welt dem Frieden näher.« Ein wenig ahnen kann man diesen Frieden schon, wenn man unterwegs ist auf dem zum Nachdenken einladenden Pfad.

AMNESTY INTERNATIONAL
BAD MERGENTHEIM
PFAD DER MENSCHENRECHTE
ARKAUWALD
STARTPUNKT VIS-À-VIS DER
LOTHAR-DAIKER-STRASSE 4
97980 BAD MERGENTHEIM
WWW.AMNESTY-BADMERGENTHEIM.DE

29 Hier geht die Zeit auf Stelzen

Siegfried Kreuser und Volker Sturm lieben die Dörteler Uhr

Eigentlich hätte Dörtel das Kurbad werden können: Schon anno 1470 wird das »Wildbad zu Thürtel« urkundlich erwähnt. Bis Österreich wurde das Wasser verschickt, ein »Haus zur Unterbringung der Heilsuchenden von auswärts« samt Badeanstalt gab es. Es half, so heißt's, bei Nervenleiden, Schwellungen und Entzündungen der Haut.

Regentänze sind unbeliebt in Dörtel. Es war schließlich ein Wolkenbruch, der die Heilquelle »verschlug«. Dörtels Historie beweist: Streit kann nur schaden. Die Adelsheimer und der Deutsche Orden konnten sich nicht einigen, und in der Folge scheiterte die Neufassung der Quelle. Erst an die acht Jahrzehnte später startete die Regierung zu Mergentheim die Suche nach dem verschütt gegangenen Nass – erfolglos. 1804 gab man endgültig auf. Zu vorschnell wohl, denn noch im gleichen Jahr fand man den gemauerten Kanal der Quelle wieder, berichtet Dörtels Ortsvorsteher Siegfried Kreuser. Die Ortschronik weiß überdies, dass zwei Jahrzehnte später nach neuerlicher starker Regenzeit gleich an mehreren Stellen im Ort neue Quellen sprudelten. Darunter dürfte ebenfalls Wasser mit Sonderqualitäten gewesen sein, denn das im Viehstall der »deutschordischen Hofreite« austretende Wasser hat angeblich das angekettete Vieh derart gelockt, dass es die Ketten sprengte. Mit der bald folgenden Beprobung hat's nicht so recht geklappt. Man testete zwar später eine andere, näher am Bach gelegene Wasserprobe, die frisch im Geschmack war und kohlensauren Kalk, ein wenig Bittererde und auch salzsaure Salze mit sich brachte. Zeitungsberichte der Jahre 1825 und 1926 lobten, dass dieses Wasser so wie einst weit über den Ort hinaus als Heiltrunk und Bad beliebt war. Es hätte werden können, wenn. Das kennt man ja: 1826 waren es Schafe, die hellauf begeistert ebenfalls auf Wasser reagierten, allerdings in Mergentheim. Egal: Inzwischen ist Dörtel ja auch Mergentheim und somit Kurstadtteil. Dörteler Wasser übrigens wird auch heute noch abgefüllt – in braune Flaschen: Die Herbsthäuser Brauerei bezieht Dörteler Wasser – und Bierbrauer wissen immer, wo's Nass am besten ist.

Die Dörteler Pfarrkirche St. Peter und Paul ist prominent auf der Höhe gelegen

Wer über Wachbach zwischen Mergentheim und Herbsthausen pendelt, staunt über eine Uhr mit Eiffelturm-Gepräge. Das eigenwillige Glockentürmchen auf Stahlbaustelzen trägt ein Glöckchen über, ein zweites unterm Uhrenkasten. Das obere sagt an, was, das untere, wem die Stunde geschlagen hat. Woher der Wind weht, zeigt das Windrosenkrönchen auf der Spitze. Wie kommt ein solches Unikum, das auch schon mal 13 schlug, in den 300-Seelen-Ort? »Heimatverbundenheit!«, antwortet Kreuser. Er stammt aus Rot, dem Nachbardorf mit der 1652 und in den Folgejahren dem Deutschen Orden abgetrotzten Kirche, ist Jahrgang 1962 und kümmert sich seit der Jahrtausendwende als Ortsvorsteher um die Geschicke von Rot, Dörtel und – nicht zu vergessen – um die des jenseits der Alten Kaiserstraße gelegenen Ortes Schönbühl. Eigentlich sei schwer verständlich, dass drei Wittmann-Brüder aus Dörtel zwischen 1887 und 1891 die Heimat verließen. Sie machten in den USA ihr Glück und revanchierten sich für ihre schöne Jugendzeit mit Stiftung der Stelzenuhr. Als Schmuckstück stehe sie »inmitten des freundlichen Ortes, umgeben von lieblichen Gärten«, berichtete das Lokalblatt über die Einweihung am 29. Mai 1927. Die Stifter Anton und Leonhard

Wittmann waren persönlich angereist und freuten sich über die angetragene Ehrenbürgerschaft. 2011 bescherte eine komplette Busladung von Wittmann-Nachfahren dem Ort erneut ein Fest. Sechs Stunden weilten die Gäste in der Auswanderer-Heimat und lauschten dem inzwischen elektronisch gesteuerten Mittagsglockenklang. Die Vereine hatten auf speziellen Wunsch der Gäste ein Menü aus Schnitzeln, Bratwürsten und Salaten vorbereitet. Dass man ihnen anlässlich des Clanbesuchs nicht nur ein Essen und vielleicht ein paar Lieder spendieren würde, sondern gleich eine ganze Straße, und zwar die Haupt- und Durchfahrtsstraße, hatten die Wittmann-Nachfahren allerdings nicht erwartet. Unerwartet kam für den Ortsvorsteher erst unlängst die Nachricht über einen Zwilling des bislang für absolut einzigartig gehaltenen Uhrtürmchens. Er steht in Birkenweißbuch, einem Teilort von Berglen bei Winnenden und datiert ebenfalls aus dem Jahr 1927.

Einzigartig aber sind Dörtel, Rot und Schönbühl dennoch, schon wegen ihres Kirchenstreits. Kurzerhand drohten die Gläubigen dem Deutschen Orden mit komplettem Übertritt zum lutherischen Glauben, wenn sie nicht endlich eine eigene Kirche bekämen. In der prominent im Rund von Schafscheune, Zehntscheune und Pfarrhaus auf der Höhe gelegenen Pfarrkirche St. Peter und Paul markiert das Ordenskreuz den Apsis-Schlussstein, auf den Kirchengemeinderat Volker Sturm ebenso stolz verweist wie auf den alten Taufstein. Ein Hauch der 1667 bewiesenen alten katholischen Sturheit weht wohl auch heute noch durch den Ort. Wie sonst wäre zu erklären, dass Sturm an Feiertagen nach wie vor ein rundes Dutzend aktiver Messdiener und Messdienerinnen rekrutieren kann?

DÖRTELER KIRCHE
ECKE WITTMANNSTRASSE/QUELLENSTRASSE
97980 BAD MERGENTHEIM

30 Fehlt die Madonna, trägt der Ort Trauer

Gerlinde Dörr hütet die Madonna in der Stuppacher Kirche

Es ist etwas Besonderes um dieses Gnadenbild: Die *Stuppacher Madonna* zieht nicht nur ausgewiesene Marienverehrer an. Ist es ihr feines abwartendes Lächeln? Ist es die Zuwendung zum Kind? Ist es der Regenbogen, der das Madonnenhaupt umstrahlt? Zum 1516 für den Aschaffenburger Maria-Schnee-Altar begonnenen Madonnenbild des Mathis Gothart Nithart, im Volksmund auch Matthias Grünewald, zieht es nicht einmal nur gläubige Christen. Irgendwie fängt das Bild im kleinen Kapellenanbau der Stuppacher *Pfarrkirche Maria Krönung* alle ein. Politiker waren schon da, manche mehrmals, Schauspieler, Moderatoren, Manager, Sportler. Mancher kam zunächst des reinen Kunstgenusses wegen, andere, weil sie als Tourist, Kurgast, Besucher oder Durchreisender gerade in der Nähe waren, und es sich schlicht nicht schickt, an einem Grünewald-Werk schnöde vorbeizufahren. Seltsam: Viele von ihnen kommen wieder, etliche mehrfach. Sie fühlen, spüren hier etwas, gewinnen Kraft zum Weitermachen, auch wenn das Gnadenbild nichts an den eigentlichen Umständen ändert, zumindest in der Regel nicht. Mancher berichtet seine ureigene Geschichte der Madonnenfreundschaft: der junge Mann etwa, der ihr erzählte, wie viel er dem Bild zu verdanken habe. Nach einem schweren Motorradunfall schwebte er in Lebensgefahr. Er habe das Gnadenbild angefleht und sei gesund geworden.

Etliche solcher Geschichten sind der Kirchenführerin im Laufe von inzwischen rund drei Jahrzehnten berichtet worden. Eine schöne, sehr schöne Aufgabe sei es, immer wieder Menschen einiges über das Bild zu berichten, und umgekehrt durch immer wieder neue Fragen, Interpretationen und Antworten der Besucher das Gemälde auch selbst neu zu erleben. Dabei hatte sie lange gezaudert, hier einzusteigen: Gerade die Wochenenden mit der Familie waren der zweifachen Mutter wichtig. Pfarrer Bruno Hilsenbeck ließ nicht locker, fragte immer und immer wieder nach, ob sie es sich nicht doch vorstellen könne, quasi in die Dienste der Madonna zu treten.

Gläubige und Kunstfreunde gehören zu den Fans der Stuppacher Madonna

1974 hatte Gerlinde Dörr nach Stuppach geheiratet – ganz selbstverständlich unter den Augen der Madonna. Wie jedes frisch getraute Stuppacher Ehepaar bekamen auch die Dörrs einen schönen Druck des Stuppacher Madonnenbilds.

Gerade in ihren Stuppacher Anfangsjahren hat sie so manche Sorge vor das kleine private Madonnenaltärchen getragen, das es in fast jeder Stuppacher Familie gibt. Die aus Bernsfelden stammende 22-Jährige tat sich nicht grade leicht mit den in Stuppach noch fest vergebenen Plätzen in den Kirchenbänken. Sie fiel auf mit ihrem etwas abweichenden Dialekt – und erst recht, wenn sie sich manchmal traute, auf der falschen Seite des Mittelgangs Platz zu nehmen. Damals herrschte in Stuppach noch strikte Geschlechtertrennung beim Gottesdienst. Knapp 600 Einwohner zählt der Ort, der mit den beiden zugehörigen Ortsteilen Lillstadt und Lustbronn gerade mal auf 700 Einwohner kommt. Da kennt man sich, da muss man sich beschnuppern lassen, sich reinfinden. Einfacher wurde es, als die Kinder kamen: Im Kindergarten ergeben sich schnell Kontakte, beim Sport ebenfalls. Mit einem Kind im Kinderwagen und einem an der Hand sah man sie bei Fußballspielen in Löffelstelzen, wo ihr Mann zu den Aktiven gehörte.

Recht schnell ist sie so ins soziale Gefüge der heimelig ins Wachbach-Seitental gekuschelten Ortschaft hineingewachsen, hat immer enger Freundschaft geschlossen mit den Menschen und ihrer Madonna. Als die Madonna anlässlich des Papstbesuchs 2011 zum »Mariengipfel« nach Dresden geladen wurde, ging ein spürbarer Schrecken durch die Gemeinde. »Wenn die Madonna nicht da ist, trägt Stuppach Trauer«, beschreibt die Madonnenfreundin die Stimmung im Ort. Natürlich gönnten die Stuppacher ihrer Madonna die Begegnung mit Raffaels *Sixtinischer Madonna* und seiner *Madonna di Foligna*, die in der Dresdener *Galerie Alter Meister* zusammentreffen sollten. Natürlich gönnten sie ihr das große internationale Publikum. Aber musste die Madonna denn wirklich schon wieder so lange fort? Es ging ja nicht nur um die eigentliche viermonatige Ausstellungszeit, sondern es sollte sich auch noch eine ausgiebige Untersuchung und Restaurierung in Esslingen anschließen. Keiner in Stuppach mochte sich 15 Monate ohne die beliebteste Einwohnerin vorstellen, etliche fürchteten gar, man werde der kleinen Gemeinde das Kunstwerk gar nicht zurückerstatten.

Dabei hätte man ruhig Vertrauen haben können, war doch die Madonna auch nach längeren Abwesenheiten stets wohlbehalten zurückgekehrt in ihr Heimatdorf Stuppach. 1881 weilte sie in einer Ulmer Restaurierungswerkstatt, 1907 war sie erneut zur Kur beim Restaurator. Fast fünf Jahre ohne ihre Madonna mussten die Stuppacher ab 1926 auskommen: Sie weilte zwecks gründlicher Restaurierung in Stuttgart, während man zu Hause die Kirche sanierte, der Madonna mit dem Kapellenanbau einen eigenen Kirchenflügel herrichtete. Weg war sie auch während des Zweiten Weltkriegs – da tauchte sie in der Saline Friedrichshall-Kochendorf unter, um gemeinsam mit anderem Kulturgut möglichst unversehrt die Kriegswirren zu überstehen. 1998 und 1999 war sie erneut auf größerer Fahrt: Erst machte sie Station in der Restaurierungswerkstatt der Staatsgalerie Stuttgart, dann in einer eigens gestalteten Sonderausstellung der Staatsgalerie und zum Schluss noch im Diözesanmuseum in Rottenburg.

Man könnte fast meinen, sie habe mit höchstem Bedacht ihren Standort in Stuppach gewählt. Lange hatte es sie jedenfalls nicht gehalten an dem Ort, für den sie geschaffen worden war: Als Geschenk von Kardinal Albrecht soll das Werk bereits 1532 an den Deutschen Orden zu Mergentheim gegangen sein. Jüngere For-

Pfarrer Balthasar Blumhofer erwarb das Madonnenbild

schungen formulieren hier allerdings vorsichtiger. Klar ist, dass die 1809 erfolgte Aufhebung des Deutschen Ordens einige Unwägbarkeiten für das Gemälde brachten. Die beendete glücklicherweise recht schnell der Stuppacher Pfarrer und Deutschordenspriester Balthasar Blumhofer, der das damals noch Rubens zugeschriebene Werk 1812 als künftiges Hochaltarbild für die Stuppacher Pfarrkirche erwarb. Erst ein knappes Jahrhundert später war sich die Kunstwissenschaft einig, dass die Stuppacher Madonna ein Grünewald-Werk ist, das seinem Isenheimer Altarwerk nicht nachsteht.

Eigentlich sei das Gemälde eine Predigt in Farben, erklärt Gerlinde Dörr den Besuchern, die sie zum Eintauchen in die damalige Gegenwart der Betrachter ermutigt. Kaum jemand außerhalb von Klerus und Klöstern konnte lesen, die Symbolik der Bilderzählung aber war jedem vertraut. Den Granatapfel etwa, uraltes christliches Zeichen für Leben und Tod, Liebe und Fruchtbarkeit und zugleich als alttestamentliches Zeichen für den Bund Gottes, berühren beide, Maria und Kind. Die Madonnenhände: die rechte, eine warme, mild haltende, schützende, stützende Mutterhand, die linke die Hand einer Braut. Der wallende Mantel in Blau, Rot und Gold zeigt Maria schon als junge Mutter im Gewand der Himmelskönigin und verweist über die Farbzuordnung ganz direkt auf die Trinität von Sohn, Geist und Vater. Die üppige Weite des roten Brokatgewands – 30 Rottöne hat Grünewald hier geschaffen – signalisiert die Fülle der Gnaden. Ein kräftig stehendes, sich auf den Weg machendes Jesuskind hat der Maler seiner Madonna beigegeben, eines, das weit entfernt ist von heiterem Kinderlachen mit seinem fast schon allwissenden Blick. Und das Armband – waren damals schon Freundschaftsbänder in Mode? Eine Kinderfrage, ganz und gar nicht kindisch. Das Granatband verweise auf das in der Leidensgeschichte zu vergießende Blut, erklärt die *Madonnenpflegerin*. Wenn sie erzählt, wird es schnell mucksmäuschenstill in der Madonnenkapelle. Auf Feinheiten, Details, die man auf den ersten Blick gar nicht wahrnehmen kann, weist sie hin. Den doppelten Regenbogen etwa und vor allem, dass der äußere durchkreuzt ist, nähme man ohne den Hinweis kaum wahr – und erst recht nicht, dass der innere Bogen ganz unauffällig in einem sich als Gartenzaun tarnenden Kreuz mündet.

Sieben Fichtenbretter sind Malgrund des weltbekannten Werks – ein Problem für Transporte: Um dem Gemälde Temperaturschwankungen zu ersparen, wurde die Seitenkapelle mit hoch elaborierter Klimatechnik ausgestattet und der Raum klimatisch von der Kirche abgetrennt. Noch weitere Kleinode der Kirche möge der Besucher aber bitte auch nicht links liegen lassen, rät Gerlinde Dörr. Das Gotteshaus bietet mit seinem großen gläsernen Reliquienschrein, dem Heiligen Wendelin mit seiner Schäferschippe und dem schönen Hochaltar noch weitere Kunstschätze, die des genauen Hinsehens wert sind.

PFARRKIRCHE MARIA KRÖNUNG STUPPACH
GRÜNEWALDSTRASSE 41
97980 BAD MERGENTHEIM-STUPPACH
WWW.STUPPACHER-MADONNA.DE

31 Standing Ovations für »The German Elvis«

Olav Wischulke rockt die Weinstube Lochner

Olav Wischulke steht auf »du und du« mit Familie Heimberger. Thomas und Ursula Heimberger leiten im Weinort Markelsheim das *Flair*-Hotel und die traditionsreiche Weinstube Lochner. Auf Genuss, Wein, Wellness und Kultur hat sich das familiär geführte Haus spezialisiert – und zur Kultur gehört für die Familie Vielfalt von Winzerklang bis Elvis-Sound. Dass fast um die Ecke der Elvis-Imitator Olav Wischulke zu Hause ist, der 2009 in Las Vegas beim Elvis-Contest den zweiten Platz belegte – bereits 2002 und 2004 war er in der Glamour-Metropole für seine Performance mit stehenden Ovationen bedacht worden – passt da perfekt. Sein Auftritt ist seit Jahren fester Bestandteil des Veranstaltungsprogramms in der gemütlichen Weinstube.

Zu Elvis kam der Musiker auf Umwegen: Klavierlehrer Lücke, seinerzeit führendes Mitglied im Bad Mergentheimer Kurorchester, hatte dem damals 14-Jährigen nahe gelegt, sein Gesangstalent auszubauen. »Du kannst singen. Mach was draus!«, legte er dem Klavierschüler dringend nahe. Schon in der Schule war immer nach Wischulke gerufen worden, wenn es um Liedvorträge ging. Musik, schon früh echte Leidenschaft, lebt von der Umsetzung: Der Jugendliche fädelte sich in erste Bands ein, erst als Keyboarder, dann als Sänger. Und bald bekam er immer wieder den Satz zu hören, er klinge wie der junge Elvis. Elvis? Wischulke, Jahrgang 68, fehlte der Bezug. Für ihn gab es die Beatles. Elvis? Egal erst mal.

Dabei hatte Wischulke biografiebedingt beste Voraussetzungen, sich dem Star musikalisch anzunähern: Sieben Jahre alt war er, als die Familie aus dem Taubertal nach Australien auswanderte. Viereinhalb Jahre lebten sie südlich von Sydney in New South Wales. Herrlich viele Kinder und massenhaft Meer- und Waldnatur gab's, Freundschaften zu Aborigines und einer bunten internationalen Mischung, eine Kindheit zum Träumen, die Improvisationstalent und Fantasie anregte. Viereinhalb Jahre im Paradies. Dann wollte vor allem der Vater zurück in die Heimat. Obwohl er in Australien hervorragend mit der Führung eines mittelständischen Betriebes zurechtkam, widerstrebte ihm der Lebens-

Mehrere Elvis-Outfits stammen aus dem Schneider-Atelier, das den echten Elvis einkleidete

stil mit Party, Bier und Barbecue. Ihn zog's zurück zur »echten Arbeit« im eigenen Kfz-Betrieb. Den baute er in der Kurstadt auf – auch als Zukunftsmöglichkeit für Sohn Olav, der über Freundschaften und Schule schon zum halben Australier geworden war, Englisch sprach und träumte und dem es blendend in New South Wales gefiel.

Trotz Abschiedsschmerz fand sich der Elfjährige schnell wieder im Mergentheimer Umfeld ein. Nach der Ausbildung als Kfz-Mechaniker folgten Meisterprüfung und Spezialisierung auf den Karosseriebau. Die tollen, aber reparaturbedürftigen alten Wagen faszinierten ihn. Zur Musikliebe gesellte sich die Begeisterung für Oldtimer, zum Beatles-Enthusiasmus die Annäherung an Elvis, zumal sich die väterliche Werkstatt ganz nebenbei zur Kontaktbörse für den Musiker entwickelte. »Wenn man immer wieder auf einen Namen angesprochen wird, informiert man sich, hört rein.« Zunehmend freundete er sich mit Elvis-Songs an, entwickelte über das Interesse an dessen Musik echte Sympathie für den 1977 verstorbenen US-Sänger: »Er war ein wunderbarer Mensch.« Für den 1935 geborenen späteren »King of Rock 'n' Roll« gehörte noch Mut dazu, die Grenze zwischen »weißer« Country-Musik und »schwarzem« *Rhythm* 'n' *Blues* aufzubrechen, bei Auftritten die Emotionen auch körperbetont umzusetzen, schwärmt Wischulke. Die enorme Bandbreite von Country über Blues und Gospel bis hin zu Pop oder Rock spricht den Elvis-Imitator an.

Zum ersten Elvis-Outfit verhalf ihm die gelernte Schneiderin Erika Dausel – Kundin der Kfz-Werkstatt. Als ihm 2002 beim Elvis *Extravaganza*-Contest in Las Vegas Elvis-Leibschneiderin Kim Paulston zuraunte: »Ich würde dir gern einen anständigen Anzug machen«, war der Mergentheimer sprachlos. Auch ohne »echtes« Outfit belegte der einzige »German Elvis« aus der völlig unbekannten zungenbrecherischen Kurstadt unter den 74 Teilnehmern Platz vier, 2009 schaffte er es in Tampa, Florida, gar auf den zweiten Platz – und Einheimische staunten nicht schlecht, dass Olav, der von nebenan, plötzlich im Fernsehen zu erleben war.

Mit solchen Referenzen im Portfolio hat schon mancher abgehoben. Olav Wischulke blieb, trotz einer Vielzahl von Begegnungen mit Reichen, Schönen und Berühmten, lieber am Boden: Auftritte bei großen und kleinen Festen, die ihn kreuz und quer durch Deutschland und angrenzende Länder führen, sind eher sein Metier. Dann sind oft Ehefrau Melinda – auch ein »Fundstück« aus der Mitarbeit in der väterlichen Werkstatt – und die beiden Kinder mit von der Partie. Die Kids nervt allenfalls, wenn der Papa zu lange im kleinen Probenraum im Keller oder in der zur Kfz-Restaurierungswerkstatt mutierten Garage verschwindet oder wenn das Gespräch auf spirituelle Themen kommt. Dann nämlich kann der Mann, der klingt wie Elvis, genauso leicht die Zeit vergessen wie beim Auftritt in der Markelsheimer Weinstube mit Flair.

WEINSTUBE LOCHNER
HAUPTSTRASSE 39
97980 BAD MERGENTHEIM
WWW.WEINSTUBE-LOCHNER.DE
WWW.ELVIS-LIVES.DE

32 Von Farbreichtum und Zauberschal

Michael Blümel und Bernd Schepermann im Kulturforum

Zwei Mergentheimer, die sich in der Toskana bei einem Trommelkursus kennenlernten: Michael Blümel und Bernd Schepermann. Der eine, Blümel, Jahrgang 1967, ist diplomierter Grafikdesigner mit oberschlesischen Wurzeln, der andere, Jahrgang 1942, ist Pädagoge und – so die Selbstauskunft – Bildermacher. Er stammt aus Stuttgart, wuchs auf in Miltenberg am Main. Frühe Entwurzelungen prägen beide, neue Verwurzelungen ebenfalls: Schepermann schlug in der Kurstadt Wurzeln, als Blümel grade mal ein paar Monate zählte.

Sie sind einander ähnlich – und doch grundverschieden. Das sieht man schon am Atelier. Auf den großen Tischen in Schepermanns vom Kinderkulturkreis *unARTig e. V.* und vom *Kulturverein Bad Mergentheim e. V.* geförderter Kunstwerkstatt *Junges Quadrat* herrscht kreatives Chaos im Durch-, Über- und Ineinander von Papieren, Malgründen, Farben und Bearbeitungsmaterialien. Bei Blümel ist es aufgeräumt: Auf dem alten Holztisch, an dem gezeichnet wird, sind Stifte, Pinsel wohl geordnet und in perfektem Zustand, und auf der Staffelei im Nebenraum warten Keilrahmen und Farben säuberlich aufgestellt auf Benutzung.

Blümel gestaltet Kunst, um zu vermitteln: Literaten schätzen seine Buchillustrationen, die auf genauer Werkkenntnis basieren. Gerade dran sind Arbeiten zu Annette von Droste-Hülshoff. Zu Ingeborg Bachmann, Thomas Bernhard, Volker Braun, Peter Handke, Bodo Kirchhoff, Rainer Kunze und Eduard Mörike hat er bereits Illustrationen angefertigt. Ganze Serien entstanden zu Kafka, James Joyce, Camus, Sartre, Neruda. Bücher sind für Blümel Lebenselixier – gewählt nicht nach Liste, sondern bereits als Schüler nach Lektüre der Autorenbiografie. Musik, Kunst, Deutsch, Geschichte: »Das waren die schönsten Stunden, der Rest ein notwendiges Übel.« Mathe-, Physik- und Chemielehrer trieb er zur Verzweiflung: Statt zu Formelsammlungen entwickelten sich seine Schulhefte zu Skizzenbüchern.

Ob Schepermann als Lehrer mit ihm klargekommen wäre? Mag sein, er selbst schlug manchen Haken, und so was macht verständ-

Junges Quadrat *heißt das Kunstatelier für junge Menschen, das Bernd Schepermann betreut*

nisvoll. An der Pädagogischen Hochschule wollte er arbeiten, wurde dann Lehrer im Mergentheimer Umland, ehe er sich zum weiterführenden Studium beurlauben ließ. Anderthalb Jahrzehnte hielt es ihn dann als Berufsschullehrer in Mergentheim, ehe er ein Aufbaustudium, jetzt Politik- und Wirtschaftswissenschaften, in Stuttgart anschloss. Das führte zum Kontakt mit fast vergessenem Talent: Die freie Kunstschule lockte, an der ererbtes Talent – Großvater und Urgroßvater waren Kirchenmaler – wieder zum Vorschein kam. Das begleitete dann durch den weiteren Berufsweg: Technisches Gymnasium, dann Leitung einer Haus- und Landwirtschaftlichen Schule, anschließend ein Schulleiterintermezzo in Esslingen. Knapp 60 war er, als ihn Krankheit zum Innehalten zwang. Um wieder heil zu werden, griff er zur Kunst, gestaltete Skulpturen, richtete 2002 in der Mergentheimer Kirchgasse ein erstes Atelier ein und fand sich flugs ohne großes Zutun inmitten einer malenden Kinderschar. So wurden das Kinderatelier und der Kinderkulturkreis *unARTig e. V.* geboren, dem folgte die Kunstwerkstatt für junge Menschen *Junges Quadrat*. »Hallo, Maler!«, schallt es über den Marktplatz. »Ein kleiner Künstler, schon ganz schön gewachsen«, kommentiert Schepermann. Im Kulturforum haben schon die Kinderatelier-Kids ausgestellt – unter anderem bei der gemeinsam mit Stadt und Landwirtschaftsamt organisierten Ausstellung »Gemüse und Kunst«. Da kann schon mal eine Kartoffel Flügel haben, ein Apfel Kopf sein, ein Salat die Welt.

Blümel kennt ebenfalls den Hang zu Mutationen: Die »Dummys« etwa, holzschnittartig grob konturierte roboterhafte Gestalten, die als Wahl-, Politiker- und Poeten-Dummys Betrachtern einen

Schock versetzen. Sie fordern kreative Auseinandersetzung ein, lassen sich kaum betrachten ohne den Wusch nach Diskussion. Eine kleine Handdruck-Serie hat Blümel mit Schriftsetzer Horst Wagner in der Hachteler *Ottmar-Mergenthaler-Gedenkstätte* realisiert – für die an zwei diametralen Polen des Mergentheimer Kulturbetriebes engagierten Männer eine faszinierende Arbeitsgemeinschaft.

Um Menschen zur Kreativität zu locken, hat Schepermann im Atelier den »Zauberschal« eingeführt: »Der bremst den Kopf, der Kreativität oft eher behindert«, argumentiert er. Die Kunstansätze von Blümel und Schepermann könnten gegensätzlicher kaum sein. Der eine setzt auf Intellekt, der andere aufs Bauchgefühl, der eine auf Durchdringung, der andere auf freies Fließen und Kooperation des Zufalls bei der Entstehung künstlerischer Gestaltungen. Kindern empfiehlt Schepermann gern, einen roten Punkt ins Bild zu setzen. Der Punkt irritiert nur Erwachsene, denn für Kinder ist es völlig logisch, dass so ein roter Punkt Gespenster in die Flucht schlägt. Fazit: Die Bilder gewinnen Spannung, Leben, öffnen die Tür für immer wieder neue Interpretationen. »Malen ist auch Lebensschule.«

In dem, was Schepermann mit alten Besteckteilen, sonstigem Altmetall, verkokelten Baumstücken, Ausrissen oder rostpatinierten Papieren ausdrückt, kommt er Blümel wieder ganz nah: Kritik am Wegwerfmodus der Gesellschaft, am stumpfen »Weiter so« vor Maximierung, muss man nicht lange suchen in den dennoch ästhetisch ansprechenden Arbeiten des Bildermachers.

Spontan geht's auch bei Blümel zu: Als Simultanmaler setzt er bei Lesungen unmittelbar in Bilder um, was der Autor mit Worten malt. Tusche und Ölkreide eignen sich für die schnelle Skizze, für die er wohl bereits als Schüler die Mathehefte missbrauchte. Es ist faszinierend mitzuerleben, wie Blümel auf seiner Flipchart-Staffelei Atmosphäre gerinnen lässt. Quer durch den voll besetzten Raum der Lesung liefen da schon Schnüre, wie Wäschestücke hingen zum Schluss die Bilder an der Leine. Notenständer und Wäscheklammern funktionieren auch. Blümel liebt Kreuzungen wie die zwischen Lite-

Perfektion am Zeichentisch von Michael Blümel

ratur und Bild. In der Vorweihnachtszeit, wenn allenthalben Kaufrausch ausbricht, hat er in einer Buchhandlung auch schon mal ganz normale Einkaufstüten als Malgrund genutzt – während der Einkaufszeit. Buchhändler Rainer Moritz hatte den belesenen Maler eingeladen, im Außer-Haus-Atelier zwischen Regalen und Verkaufstischen »Kunst zum Tragen und Hängen« anzufertigen. Längst nicht jeder Buchhandlungskunde hatte die Ankündigung mitbekommen, und mancher Weihnachtseinkäufer vergaß beinahe sein eigentliches Ziel. Ein kleiner subversiver Hauch war das, obwohl der Künstler zugesichert hatte, auf Wunsch auch heimatliche Motive auf die Papiertüten zu malen.

Ideen wie diese reifen gewöhnlich nicht im Einzelkopf: Nach der Toskanareise bildete sich aus Sommersehnsucht ein kleiner Bohème-Zirkel vorm Eiscafé: Blümel saß da schon früh am Morgen mit seinem Skizzenbuch und malte Kaffeebilder, Schepermann und ein paar weitere dieser als etwas verrückt betrachteten künstlerisch angehauchten Existenzen und Lebenskünstler, die sich zunächst so gar nicht recht ins Bild der Kurstadt fügen wollten, schauten vorbei. Ein bisschen, sagen Schepermann und Blümel mit feinem Understatement, hätten sie damit auch den Geist des Cafés geprägt. Gut zwei Jahre pflegte das Trüppchen die Stirnrunzeln auslösende Kultur des Freiluftsalons und setzte damit ganz nebenbei neue Akzente für das Kurstadt-Image.

So unterschiedlich die beiden Maler auch sind: Sie schätzen einander. Blümel über Schepermann: »Er hat viele Projekte angestoßen in Bad Mergentheim.« Unter anderem brachte der Initiator von Kinderatelier und Jugendkunstwerkstatt Kunst auch in die Palliativstation im Caritas-Krankenhaus – nicht in Form fertiger Werke, sondern als Kunsttherapie: Mit schwerst Kranken malte er Postkarten, war selbst überrascht von der Symbolik, mit der die Kranken die Karten gestalteten. Dass ein schwer Lungenkranker einen Ertrinkenden malte, ein anderer, der noch so viele Reisen hatte unternehmen wollen, die entgangenen Reisen in Form von Postkarten doch noch ein Stückchen lebte: beglückend. Und so erlebt er auch, wenn Kinder und Jugendliche spielerisch gestaltend neue Ansätze entwickeln: Er will Kindern etwas in ihren Lebensrucksack packen.

In Mergentheim gehe das: »Der positiv enge Raum ermöglicht jederzeit Begegnungen zu Menschen – und aus der Bewegung kann etwas entstehen.« Blümels Verhältnis zu Bad Mergentheim ist jenseits des Heimatgefühls – inspirierende Ecken findet er etwa am Philosophenweg, bei Wanderungen auf Mörikes Spuren oder im Lichthof der Buchhandlung – auch etwas insular geprägt: »Der Rückzug in die Provinz ermöglicht ruhige Arbeitsphasen.«

KULTURFORUM
HANS-HEINRICH-EHRLER-PLATZ 35
97980 BAD MERGENTHEIM
WWW.JUNGESQUADRAT.DE
WWW.MICHAEL-BLUEMEL.DE

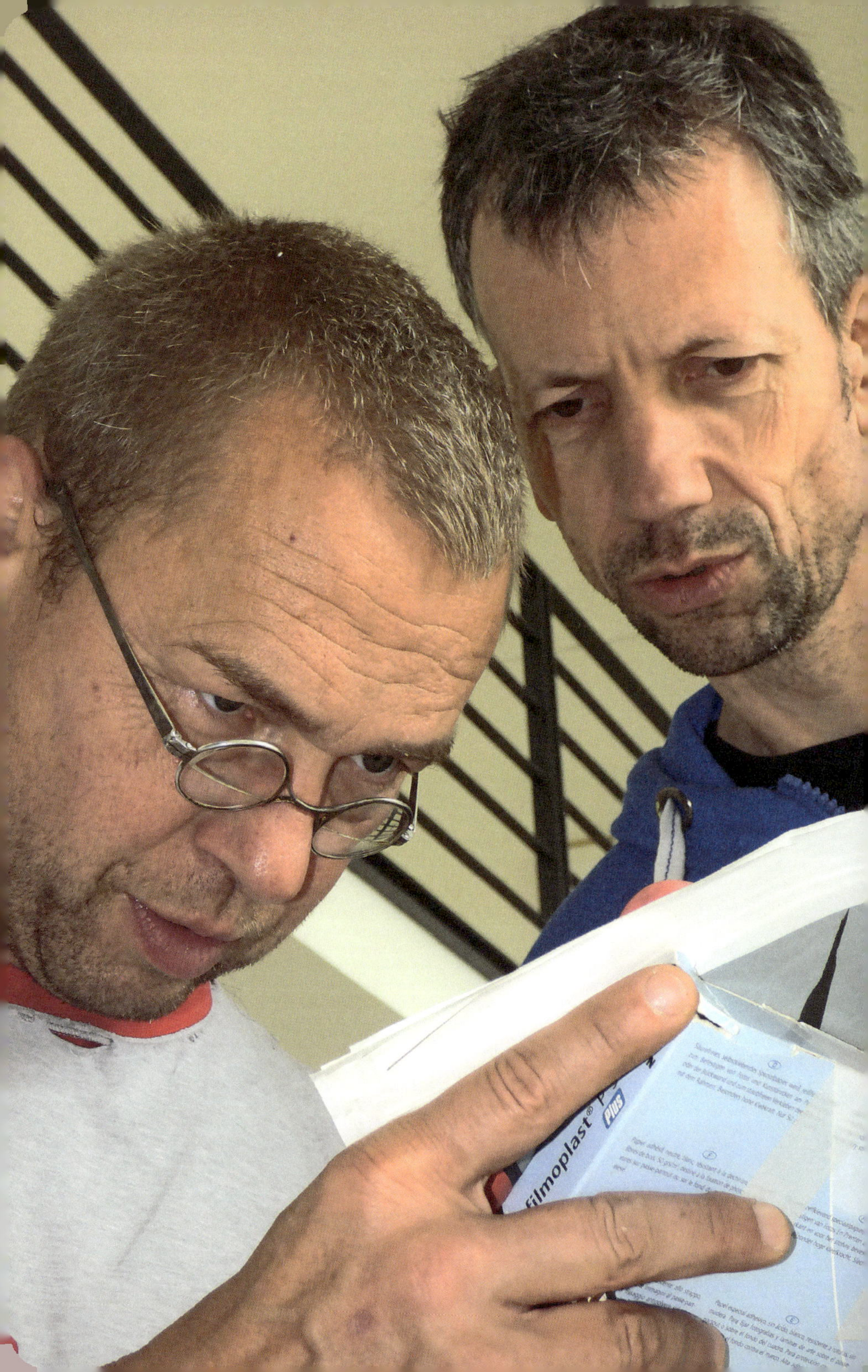
filmoplast®
Plus

33 Schräge Vögel? Einfach magisch

Lothar Lempp und Andreas Richert: Performance in der Au

Unglaublich: Ein Starenschwarm fällt ein beim *Forum in der Au*. Hier, zwischen Ingenieur- und Architekturbüros, Steuerberatern, einer Werbeagentur und Psychotherapeutischer Praxis, hat Andreas Richert sein Atelier. Freund Lothar Lempp kommt auch, seine Kaleidoskop-Werkstatt war früher eine Besenkammer, die eigentliche Werkstatt, in der schon komplette Bäume und *Mama Muh* den schweren Übergang vom Kopf zum Ding bewältigt haben, ist ein wilder Kellerraum. Da trifft man sich doch besser im Forum, meinten beide. Ursprünglich, als noch das Landwirtschaftsamt hier seine Heimat hatte samt Lehrküchen, Bürotrakt und Besprechungsräumen, war das, was heute Richerts Atelier ist, ein Abstellraum. Kleinere Landmaschinen? Ein Aufsitzrasenmäher? Egal.

Das Treffen mit den beiden schon etwas »schrägen Vögeln« beginnt mit kleiner Holperei: Bei Künstlern laufen Uhren schon mal anders als bei Normalos. Lempp nennt sich einen »alten Selbermacher«, Richert stellt sich auf seiner Homepage vor als »Sohn eines Propellers und einer Flügelschraube.« Gemeinsam sind sie ein Gesamtkunstwerk. Und einzeln auch.

Richert ist Gaukler, am liebsten mit Straßenzaubereien unterwegs: Jonglage und Feuerspuckerei, Bauchreden, Kinderzauberei, *Commedia dell'arte*-Acts gehören auch dazu, feine Gaukelkunst, die fasziniert, bannt, amüsiert. Zum Auftrittsoutfit gehören Smoking und Narrenkleid, bespielte Plätze sind die Straße, der Salon, die kleine Bühne. Braucht man dafür ein Atelier? Vermutlich schon – aber nicht Richert. Im Doppelgaragen-großen Raum ist kein Platz für den Smoking, und es ist auch nicht ratsam, sich hier mit Schminke in einen Clown verwandeln zu wollen. Vorsicht, staubig! Denn hier entsteht ein Großteil der Skulpturen, die der aus Gießen stammende Maler, Bildhauer und Performancekünstler wachsen lässt. Seit 1990 stellt er aus, war mit Werken in Museen, Galerien und Kunstvereinen in Europa, Asien und Nordamerika vertreten. Gips, Holz und Bronze sind seine Werkstoffe, und, als wäre das nicht längst genug, malt er

Mama Muh-*Figuren aus Lothar Lempps Werkstatt*

auch noch auf Leinwand und Papier, ist mit Performances auf Tour, und hat zudem noch Spaß am Experimentalfilm-Schaffen. Das alles hat sich vor dem Hintergrund eines profunden Studiums der Geisteswissenschaften herausgeschält: Germanistik hat er studiert, Philosophie, Geschichte.

»Klar ist er verrückt«, sagt Lempp. Er äußert das als Gleichgesinnter, als Gleichgestimmter. Lempp stammt aus Mönchengladbach, hat Kunstpädagogik und Bildhauerei studiert, Installationen gestaltet, sich mit Theaterformen auseinandergesetzt, ganz unbefangen ausprobiert. Drei Puppentheaterstücke, ein Clowntheaterstück für Kinder, ein Masken-Comedy-Programm für Erwachsene haben ihn bundesweit herumgeführt. Die Nominierung für den *Kabarett-Kaktus* und *Wiener Kleinkunstnagel* haben ihn sehr gefreut, die Mitarbeit beim Kunst- und Landart-Projekt *Winterschloss Eisblau 2005* in Bad Rappenau natürlich ebenfalls. Das ist schon eine Weile her – genauso lange, wie der Kaleidoskope-Bauimpuls, der Lempp seit dieser Zeit immer und immer wieder trifft. Licht- und Logo-Design gehören zu Lempps Produktion, die Gestaltung von Drahtplastiken, und immer wieder Puppenspiel und eine auf den ersten Blick völlig verquere Performance-Form, die Zuschauer ins Schleudern bringt. Den Satz, den Richerts Oma ihrem leicht hyperaktiven Enkel weiland mit auf den Weg gab – »Junge, es ist keine Schande, ein Clown zu sein. Schlecht ist nur, wenn du der Letzte bist, der's merkt!« – könnte auch Lothars Oma zu Lempp, der damals noch Schmitz hieß, gesagt haben.

Sie haben etliche Gemeinsamkeiten: Beide sind, wie Richert es ausdrückt, »mehrfachgleisig unterwegs.« Bei beiden ist die Begrifflichkeit nicht nur in ihrer Kunst, sondern auch im Alltagsgespräch oft psychologisch. Und beiden waren ihre jeweils drei Kinder Lehrmeister. Entsprechend lieben beide es, Dinge, Themen und die Materialien ihrer Künste spielerisch aufzugreifen. Sie schätzen sich. Lempp bewundert an Richert die ungeheure Disziplin. Ohne die wäre der Mergentheimer Zaubermeister mit seiner »feinen Gaukelkunst und Salonzauberei« – Homepagezitat – nie so weit gekommen. In Sachen Straßenzauberei gehört er zu den Besten. »Dabei war Zaubern das Allerletzte für mich!« Das ist ein Richert-Satz. Das Allerletzte war der allerletzte Ausweg, wenn er auf die Kinder aufpassen musste. Die staunten Bauklötze schon bei den ersten Tricks – und lieferten damit ganz nebenbei einen »Ausgleich zum harten Brot des Kleinkinder-Domptierens«. Irgendwo hat er eine lackierte Pappschachtel mit drei roten Bällen und dazu noch einem halben gesehen. Ein Zaubertrick. »Das lern' ich.« Hat er gemacht: erst ausprobiert, zäh immer wieder, sich dabei selbst mit der Kamera zugeschaut, geübt, geübt, bis es ganz flüssig lief. »Ich kann ganz viel üben.« Mit Mitte 30 etwa Handstand und Jonglagen. Andreas Richert ist ein – so seine Selbstbeschreibung, der wirklich nicht zu widersprechen ist – »sauguter Techniker«, der sich »rotzfrech« reinspielte in die Straßengauklerszene. Er braucht Kontakt zum Publikum. Wenn der ihm fehlt – auf Bühnen fühlt er sich viel zu weit entfernt von denen, die er bannt – fehlt ihm der Flow. Ebenso diszipliniert wie an Magie und Akrobatik arbeitet Richert, wenn er malt, Skulpturen meißelt, stundenlang an unförmigen Klumpen aus Ton und Gips rumknetet, bis der Brocken etwas mit ihm macht, zu etwas werden will. Das macht er dann – das Nilpferd etwa.

Blick ins Forum-Atelier von Andreas Richert

Richerts Skulpturen sind groß, zwei Meter etwa messen die Figuren der »Gruppe mit Stäben«. Klein: zwei, drei Handspannen breit etwa in Gips, Stahl und Gold gestaltete Fest- und Abendmahl-Szenen, bei denen man sich, füreinander unempfänglich, schart um Empfangsgeräte. Manches scheint einem Untotenreich entsprungen. Reisen und unter anderem ein unbeschadet überstandenes Intermezzo bei der Fremdenlegion haben Richert mit einem Inspirationsfundus ausgestattet, der lebenslang genügen könnte, würde er nicht ständig wie ein Schwamm gierig Neues aufsaugen, es drehen, wenden, begrübeln, bedenken und betasten. Bissige Kommentare zur Gegenwart sind es, die Richert bildhauend und malend formuliert.

»Lo ist viel genialer«, kontert Richert das Lob von Lempp. Allein die Handpuppen, die er konstruiert. Oder das »Sachen suchen«-Spektakel, bei dem der Mensch versucht, sich einen Weg zu bahnen durchs Chaos in Kopf und Umwelt. Skurril, mit Aberwitz und Hintersinn kommt die Mixtur aus Maskentheater, Comedy und Performance daher, bei der die Perspektiven vom Innenleben einer Raupe zum König mit der Schaufelkrone, zu Schamanengesang und Rohrreinigerverkostung so rasant wechseln, dass Zuschauer fast aus der Kurve fliegen im Spiegelkabinett der Fantasie. Lempp macht schlicht alles selbst: Musik und Bühne, Texte, die Performance, Puppen, Kostüme von Sackleinen-Riesenraupe mit Fahrradreifen-Segmenten bis zu winzigen, fitzeligen Sachen wie den Kaleidoskopen, die Lempp in seiner Besenkammerwerkstatt komponiert. Auf die Knie könnte man fallen angesichts dieser Perfektion und Präzision, mit der Lempp da vorgeht und vom Weltklasse-Miniaturkaleidoskop bis hin zum Riesen-Aufleg-Kaleidoskop ganze Universen entstehen lässt. »Er erfindet ja sogar Werkzeuge«, begeistert sich Richert: »Ich bin eher zwangsoriginell, Lothar ist, obwohl nach außen so viel ruhiger, der, der letztlich die viel verrückteren Ideen hat.« Ruhig und zurückhaltend räumt Lempp ein, dass seine verrückte Ideensammlung schon so groß sei, dass einfach nicht mehr alles umgesetzt werden kann. »Eigentlich leide ich permanent darunter, dass die Zeit begrenzt ist.« Allein vier Theaterideen warten in der Pipeline, die große Liebe zur Vertiefung in »technisch raffinierte Frickeleien« kostet Zeit. Die braucht er auch für die Kontakte zu Autoren: Jujja Wieslander hat ihm als Erstem eine Bühnengestaltung von *Mama Muh* und der *Kletterbaum* gestattet – und war begeistert, Philip Ardagh gestattete die Welturaufführung von »Schlimmes Ende« als Puppentheater. »Ich sag's doch: Lempp ist ein Goethe!«, kommentiert Richert. Begeistert stürzen sie sich in gemeinsame Projekte: Musik gehört dazu – Lempp hat Richert schon häufiger auf dem Saxophon begleitet, musiziert aber auch schon mal mit Heftzwecken auf Eierschneidern, Richert kennt keine Scheu vor Klarinette, Cello und Piano –, Film, Hörspiel und Performance.

Was, bitte, wollen solche Freaks ausgerechnet in Bad Mergentheim? »Die Großstadt bietet sicher mehr Extreme – aber ich mach halt gern auch mal einfach Sachen für mich«, führt Lempp nachdenklich aus. Und Richert? »Künstlerisch habe ich hier über ein bis zwei Handvoll Menschen mehr Rückenwind als in jeder Großstadt.«

FORUM IN DER AU
AUSTRASSE 6
97980 BAD MERGENTHEIM
WWW.LOTHAR-LEMPP.DE
WWW.MAGIAMUNDI.KULTURSERVER.DE

34 Adompoja! Willkommen! Guten Tag!

Sana Kpante-Abdallah hilft Kindern mit dem Verein Adompoja

Lantam Batti feierte 2015 seinen 17. Geburtstag. Er sitzt im Rollstuhl. Dass er in Togo eine Ausbildung als Sozialhelfer absolvieren konnte und sich um Menschen kümmern kann, denen es so schlecht geht wie einst ihm, ist einer Mergentheimerin zu verdanken.

Sana Kpante-Abdallah stammt aus seinem Heimatland, verbrachte aber einen Teil ihrer Jugend in Ghana. Englisch lernte sie so, einige Brocken Französisch, durch mehrfache Ortswechsel schnappte sie etliche afrikanische Sprachen auf – alles eine gute Voraussetzung für den Neubeginn Anfang der 90er-Jahre in Deutschland. Da war sie Mitte 20. Über den Landkreis Kitzingen und Lauda-Königshofen fand sie den Weg nach Mergentheim. Im traditionellen afrikanischen Kaftan, den Kopf mit einem farbenfrohen Turban umwunden, sitzt sie hier in einem Laden zwischen afrikanischen Instrumenten, Kunsthandwerk und afrikanischer Kleidung. Der Laden ist zwar ihr Platz, nicht aber ihr Geschäft: Der Verein *Adompoja – Kinderhilfe in Ghana und Togo* betreibt den Verkaufs- und Workshop-Raum. »Adompoja heißt Guten Tag«, erläutert Sana Kpante-Abdallah. Im Vereinsladen erwirtschaftete Gewinne fließen in den Hilfsgeldertopf für das privat entstandene Kinderheim in Ghana und die ebenfalls privatissime entstandene Kinder- und Jugendhilfe in Togo. Sana – kaum einer spricht sie mit ihrem Familiennamen an – hat dieses Kinderheim geerbt, im wahrsten Sinn des Wortes. Ihre ältere Schwester hatte die Kinderhilfe aufgebaut und Sana bei einem Besuch in Ghana das Versprechen abgerungen, sich um »ihre« Kinder zu kümmern. Dann war sie tot – und Sana fühlte sich an das Versprechen gebunden. Wie aber sollte sie als kleine Putzfrau mit Migrationshintergrund, die kaum genug für sich hatte, das schaffen?

Sie griff zurück auf das, was Gott ihr gegeben hatte: Freunde, denen sie von der Situation der Kinder berichtete, und dazu Stimme, Tanz, die Kunst zu trommeln und ihr ungewöhnliches Kommunikationstalent. Fast ohne Vorbereitung stampfte sie Trommelkurse und Trommelworkshops für Kinder und Erwachsene aus dem Boden und gründete die Musikgruppe »Mother of all Nations.« Bis zu zehn Mu-

Lernbegeisterung im Freiluft-Klassenzimmer des Kinderheims in Ghana

siker sorgen bei Auftritten mit Talking Drum, Cabassa, Barakite und Djembe unplugged für echtes Roots-of-Africa-Feeling mit afrikanischem Wechselgesang und Tänzen in traditionellen Kostümen. Was sie bei Auftritten in Kindergärten, Schulen, Jugend- und Kulturzentren, bei privaten Feiern oder großen Festen einnehmen, fließt in die Kinderhilfe. »Irgendwie hat es immer gereicht«, sagt die tief gläubige Initiatorin der Musikgruppe und des Kinderhilfe-Vereins *Adompoja.* Erst 2008 wurde aus dem losen Freundeskreis ein eingetragener Verein, der dem in einem Slumviertel in der Ghanaischen Hauptstadt Accra angesiedelten Kinderhilfsprojekt zumindest einen Hauch von Stabilität gibt.

In Ghana seien, berichtet Sana Kpante, Gewalt gegen Frauen, Genitalverstümmelung, der Verkauf von Kindern als »Heimsklaven« und auch Zwangsheiraten immer noch üblich. Der Menschenrechtsreport weiß von Handel mit Frauen und Kindern, ethnischer und politischer Diskriminierung und Gewalt sowie von Kinder-Zwangsarbeit – alles Dinge, vor denen Sana ihre Schützlinge bewahren möchte. Bei ihrem ersten Flug nach Accra – finanziert hat sie den durch einen Vorschuss auf ihre weitere Arbeit als Reinigungskraft einer Kirchengemeinde – fand sie rund 30 zwischenzeitlich komplett verwaiste Kinder in erbarmungswürdigem Zustand vor. Unmöglich, diese Kinder einfach wegzuschicken. Kurz entschlossen engagierte sie eine Straßenköchin, die das Angebot, gegen ein Dach überm Kopf für die Waisen zu kochen, nur zu gern annahm. Inzwischen hat das Gelände einen eigenen Brunnen, einen befestigten Hof, eine für die ortsüblichen Verhältnisse sehr brauchbare Küche, sogar einen echten Sanitärbereich. Dank des Vereins, zusätzlicher Spenden aus der Region und Sana Kpantes Fähigkeit, ihre eigenen Bedürfnisse extrem herunterzuschrauben, konnte ein einfacher Schulraum gebaut werden, in dem Studentinnen unterrichten. Über 70 Kinder zwischen fünf und 15 Jahren sind hier ganz oder teilweise zu Hause. Ein erstaunliches Netz von Pateneltern und Ausbildungsbetreuern hat die Mergentheimer Togolesin inzwischen um das geerbte Heim aufgebaut, das mittlerweile bereits einen Kindergarten führt und mit zwei Näherinnen über eine Art assoziierte Nähschule verfügt. Aus der kommt ein Teil der im Vereinsladen zu erwerbenden Kleidungsstücke. Instrumentenbauer wurden ausgebildet, die ersten erwachsen gewordenen *Adompoja*-Kinder haben bereits Ausbildungen als Schneiderinnen, Krankenschwestern, Lehrerinnen, als Automechaniker und Informatiker abgeschlossen und fördern ihrerseits das Heim.

So oft wie möglich fliegt Sana Kpante zu »ihren« Kindern. »Mit ziemlich wenig Geld kann man in Accra viel erreichen«, berichtet sie. Beim letzten Besuch hat sie für Zement gesorgt und eifrig selbst mitgeholfen, Bausteine für die anstehende Schulhauserweiterung zu gießen.

ADOMPOJA KINDERHILFE
IN GHANA & TOGO E. V.
ADOMPOJA-LADEN
MÜHLWEHRSTRASSE 23
97980 BAD MERGENTHEIM
WWW.ADOMPOJA.DE

Zwölf, 14, 16 Stunden Arbeit scheinen Mergentheims Oberbürgermeister Udo Glatthaar nichts anhaben zu können. Tagsüber ist er im Rathaus oder auf Terminen, abends finden Gremiensitzungen und Veranstaltungen statt, bei denen der OB nicht fehlen darf, nachts hängt er ans Tagespensum oft noch ein paar Stunden am Schreibtisch an. Fast jeden Abend und jedes Wochenende ist er unterwegs.

Wenn er vom Schreibtisch eine Auszeit braucht, nutzt er den ganz privaten Schlüssel, der in ein Rathaus-Seiteneckchen führt, zu dem ansonsten außer dem Hausmeister kaum einer einen Schlüssel hat. Hier geht's aufs Rathausdach. Glatthaar greift geübt zum Hakenstock, mit dem die Dachluke geöffnet werden kann. Manch einer kennt die Sorte Zugang noch: Hat man die Klappe auf, kann man sich eine Holz-Ziehleiter angeln, die meist zu Kisten, Kasten oder der Uraltplatte für die Modelleisenbahn führt. Im Rathaus führt diese Treppe – hier aus Metall – in Richtung Himmel.

Das Flachdach ist des OBs private Auszeitinsel – mit, schaut er Richtung Norden, freiem Blick aufs Bahnhofsareal, aufs Mittelstandszentrum und den Mall-Bereich; jenseits der Tauber steigt der Ketterberg an, Wanderfläche. »Ein paar Stunden in der Natur, eine Draußen-Pause zwischen zwei Terminen tun gut.« Wandern gehört zu seinen Hobbys, außerdem Chorgesang, Literatur, Fotografie, im Winter der Skilauf. Wendet er sich nach Südost auf dem Flachdach, hat er die Innenstadt mit Schlossareal und im Hintergrund den Anstieg zum Galgenberg vor Augen. Roggenberg, Katzenberg, Bürgerwald liegen in dieser Richtung, und dahinter Wachbach und Markelsheim. Welcher Teilort wo liegt, scheint er selbst noch mit geschlossenen Augen zeigen zu können. Natürlich kennt er die Ortsteile auch von Besuchen, und gern führt er Gäste der Stadt auch in die Ortsteile aus, um ihnen beispielsweise »die tolle Atmosphäre unserer Landgasthöfe« zu zeigen. Er sei ein religiös orientierter Mensch. Man trifft ihn nicht nur an Feiertagen in einer der Kirchen. Die Schlosskirche liegt ihm am Herzen, das Johannesmünster, die Kirche des ehemali-

Beim Stadtfest sieht man den OB auch mal ohne Krawatte

gen Kapuzinerklosters, die jetzt die Sießener Franziskanerinnen des Stadtklosters *Maria Hilf* betreuen, die renovierte Marienkirche, die Kirchen der Stadtteile. Pudelwohl fühlt er sich im Madonnenländle, mit der Grünewald-Madonna in Stuppach und Riemenschneiders Marienaltar so direkt vor der Nase.

Diese Stadt ist für den aus Sigmaringen stammenden Diplom-Verwaltungswissenschaftler, der im Innenministerium in der Abteilung Stadtentwicklung, in der Politik als persönlicher Referent von Lothar Späth, in der Wirtschaft als Süddeutschland-Repräsentant der Deutsch-Niederländischen Handelskammer sowie als Niederlassungsleiter und Geschäftsführer jede Menge Erfahrungen sammelte, Heimat geworden. Auch ganz persönlich betrachte er etwa den Marktplatz als »meine und unsere gute Stube«.

Genau das hatte er sich gewünscht: die Chance, ein politisches Amt zu übernehmen, das ihm die Möglichkeit bietet, umfassend die weltliche Umgebung für die Menschen zu gestalten, sich mit allen Themen beschäftigen zu dürfen, die die Menschen und die Gesellschaft umtreiben. Es war ein kurzfristiger Entschluss, sich hier zur Wahl zu stellen, erzählt er: Er kannte das Städtchen aus Kinder- und

Jugendtagen: die Großmutter war als Diabetikerin hier zur Kur, der Vater nutzte Besuche, um den Nachwuchs etwa mit der Stuppacher Madonna bekannt zu machen. Schon bei den ersten Vorgesprächen fühlte er sich auf Anhieb heimisch: Das typische ländliche Mittelzentrum mit herrlicher Bausubstanz und idyllischem Ambiente im ländlich geprägten Raum, das sprach ihn an. Auch mit dem speziellen Menschenschlag, der stolzen, mit sehr gesundem Selbstbewusstsein und liebenswerten Eigenheiten ausgestatteten Bürgerschaft fühlte er sich unmittelbar vertraut. »Bad Mergentheim ist ein Mikrokosmos mit starker Ausstrahlung und großer Weltoffenheit, eine Stadt mit Ambiente und erhaltenswertem historischem Gepräge«, schwärmt er.

Er fühlt sich als Bad Mergentheimer – und zusätzlich auch immer noch als »Hohenzoller mit schwäbischem Hintergrund«. Damit sei er perfekt gerüstet für die Kurstadt, für die er als OB die Verantwortung trägt: die sei schließlich immer noch geprägt von ihrer ehemaligen »Grenzland«-Position zwischen Franken, Württemberg und Baden. »Hier kommt es zusammen, bis hin zum Kurpfälzischen, das einem bereits in Tauberbischofsheim begegnet.« Eigentlich fände man hier Baden-Württemberg sozusagen im Westentaschenformat, das Ländle mit seinen blühenden und idyllischen Landschaften, das in gesunder Umwelt eine enorme Wirtschaftskraft mit guten Ausbildungs- und Arbeitsmöglichkeiten bietet. »Hier kann man Lebensfreude leben und anbieten«, schwärmt der OB, der »seiner« durchaus prosperierenden Stadt beste Zukunftschancen voraussagt.

Die Zeichen stehen nicht schlecht. Durchaus gegen den Trend weisen in der Kurstadt die Einwohnerzahlen nach oben, die Nachfrage nach Bauplätzen steigt sowohl im privaten als auch im gewerblichen Bereich. Gesucht seien Wohnlagen in der Innenstadt, die einerseits durch Zuzüge aktiver Senioren, andererseits durch den Zuzug junger Menschen nachgefragt würden. Der OB ist durchaus offen für Wohnverdichtungen in der Kernstadt, allerdings dürfe dabei das spezielle Flair der Stadt nicht verloren gehen. Zentral dabei sei insbesondere die Erhaltung des historischen Stadtkerns, prominenter Plätze

Kleines Defilee mit dem Historischen Schützen-Corps

wie Marktplatz, Ehrler Platz und Gänsmarkt sowie die Erhaltung der Sichtachsen.

Dass die Nachfrage nach Wohnraum steigt, steht für den OB in engem Zusammenhang mit der guten Entwicklung der örtlichen Unternehmen. Auch in den Ortsteilen gebe es wieder mehr Nachfrage. Reagieren dürfe man auf so eine Entwicklung auf keinen Fall mit restriktiver Baugebietserschließung – ganz im Gegenteil: Nur mit expansiven Erschließungen in den Ortsteilen wie in der Kernstadt lasse sich die Infrastruktur zukunftssicher erhalten. Und eigentlich gehe es angesichts des demografischen Wandels nicht mehr nur um den Erhalt, sondern um den Ausbau. »Wir als Stadt können keine Arbeitsplätze schaffen – aber wir können die Rahmenbedingungen so gestalten, dass die Stadt ein interessanter Standort für Arbeitgeber ist.« Dabei gelte es auch, Unternehmen künftige Expansionsmöglichkeiten zusichern zu können.

Positiv sieht Glatthaar auch die Entwicklung im Kurbetrieb: Bad Mergentheim macht sich als liebenswerte und moderne Gesundheitsstadt einen Namen, und das Großprojekt *Solymar Therme* wurde auch erfolgreich bewältigt. Als Herausforderung hatte er das Projekt übernommen, das sich mit der Insolvenz des vorgesehenen Generalunternehmers und zugleich vorgesehenen Betreibers zum riesen Problem auswuchs.

Wie sich die Stadt weiter entwickeln soll, wird immer wieder heiß diskutiert in der Kurstadt. Unter anderem geht es um Bausatzungsfragen. »Vier Jahre wurde kein einziges historisches Gebäude in der Innenstadt abgerissen«, hält Glatthaar Kritikern entgegen, die dringlich eine Erhaltungs- und Gestaltungssatzung einfordern. Derartige sehr umfangreiche Ausarbeitungen bräuchten nun einmal einfach Zeit, und man sei längst an der Arbeit.

Gibt's eine Vision, auf die der OB hinarbeitet? »Ganz klar: Die Entwicklung des Bahnareals ist die große Herausforderung der nächsten Jahre«, antwortet Glatthaar. Für die »Mall« schwebt ihm eine deutlich verbesserte fußläufige Anbindung über die Wolfgangstraße vor – und ganz generell sei es auch in Punkto Stadtentwicklung dringend vonnöten, über die Gleise hinauszudenken. Es sei derzeit schon noch eine Art »emotionales Problem«, dass die Mergentheimer das Ende der Innenstadt immer noch am Gleisstrang verorten. An den Geleisen entlang Richtung Kurpark ist Luft, auf dem Areal der ehemaligen Parkettfirma haben Besitzer und Stadt sich einvernehmlich für den Bau von Alters- und Pflegeheim sowie Wohnungen entschieden. »Wir haben zur Zeit rund 200 Wohnungen im Bereich der Innenstadt in der Pipeline«, sagt Glatthaar selbstbewusst.

Dass die Entwicklungsziele, Bad Mergentheim sowohl als Gesundheits- und Bildungsstadt als auch als innovativen Standort für die Dienstleistungsindustrie zu positionieren, einander im Wege stehen könnten, fürchtet Glatthaar dabei nicht. »Eine gesunde Entwicklung in Vielfalt ist der Garant für die Zukunft!« Diese Zukunft sieht der OB zunehmend international: Global denkende Unternehmen und global ausgerichtete Bildungseinrichtungen spielen dabei ebenso eine Rolle wie der Zustrom aus Ländern, in denen Menschen keine Zukunft mehr für sich sehen.

NEUES RATHAUS
BAHNHOFPLATZ 1
97980 BAD MERGENTHEIM
WWW.BAD-MERGENTHEIM.DE

Bier-Spezialitäten
Herbsthäuser

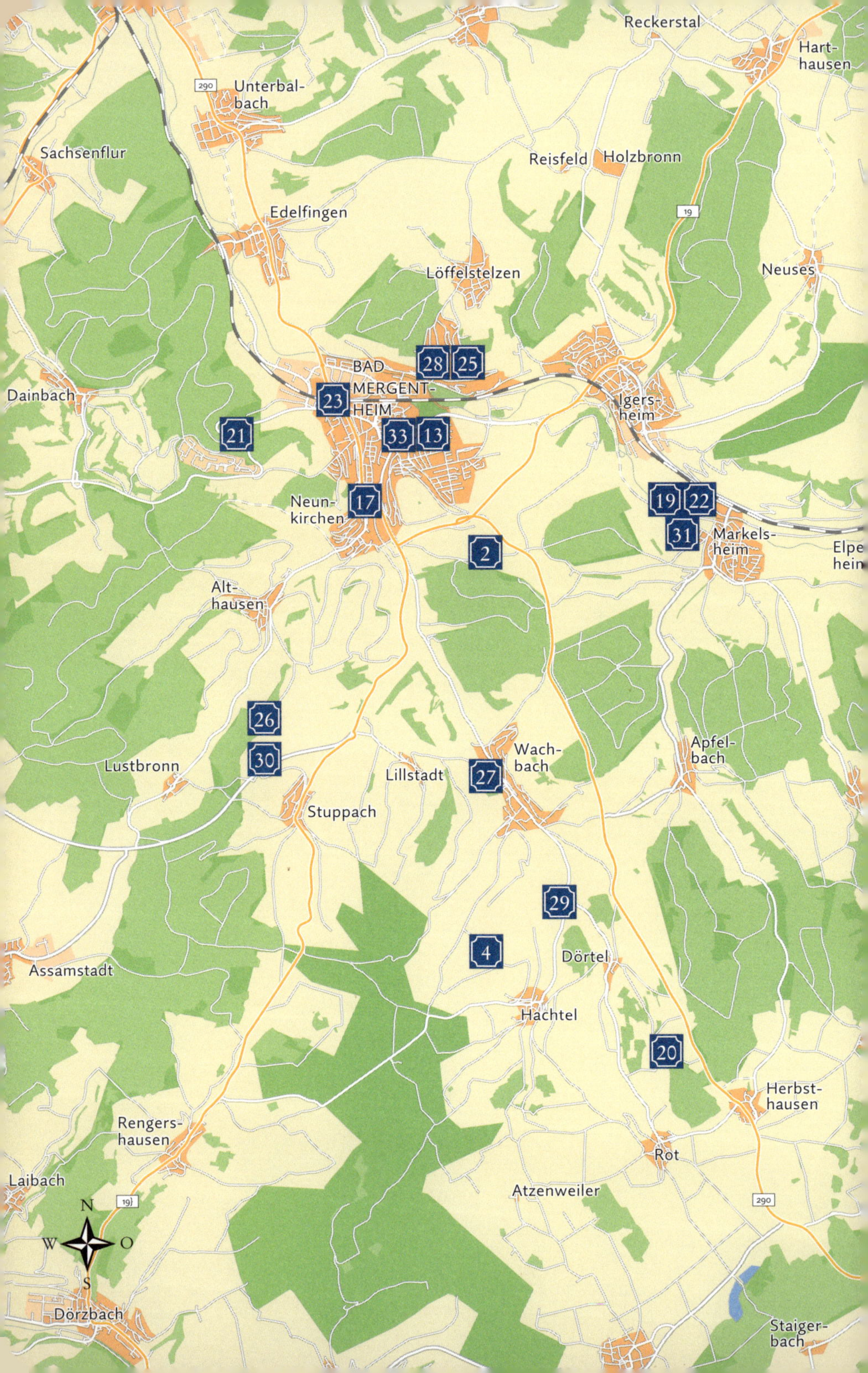

Reckerstal
Hart-
hausen
290
Unterbal-
bach
Sachsenflur
Reisfeld
Holzbronn
Edelfingen
19
Löffelstelzen
Neuses
28
25
BAD
MERGENT-
HEIM
23
Dainbach
Igers-
heim
21
33
13
Neun-
kirchen
17
19
22
31
Markels-
heim
Elpe
hein
2
Alt-
hausen
26
30
Lustbronn
Apfel-
bach
Wach-
bach
27
Lillstadt
Stuppach
29
4
Dörtel
Assamstadt
Hachtel
20
Herbst-
hausen
Rengers-
hausen
Rot
Laibach
Atzenweiler
19
290
N
W
O
S
Dörzbach
Staiger-
bach

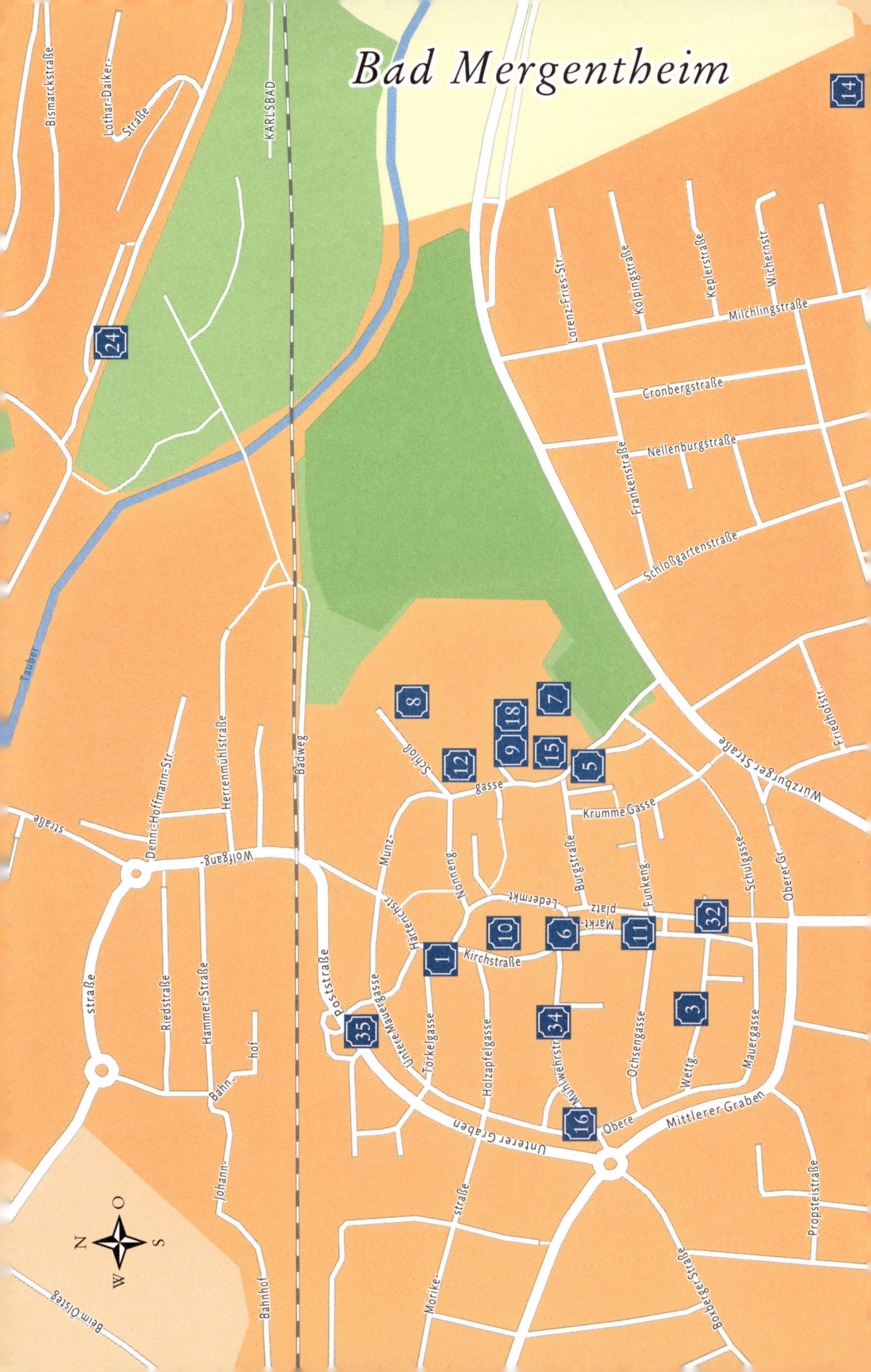
Bad Mergentheim
14
Bismarckstraße
Lothar-Daiker-Straße
KARLSBAD
24
Lorenz-Fries-Str.
Kolpingstraße
Keplerstraße
Wichernstr.
Milchlingstraße
Cronbergstraße
Nellenburgstraße
Frankenstraße
Schloßgartenstraße
Tauber
Friedhofstr.
Würzburger Straße
8
7
18
9
15
12
5
Schloß gasse
Krumme Gasse
Denni-Hoffmann-Str.
Herrenmühlstraße
Badweg
straße
Wolfgang-
Münz-
Nonneng.
Burgstraße
Funkeng.
Schulgasse
Oberer Gr.
Ledermkt.
Markt-platz
32
10
6
11
Härterichstr.
1
Kirchstraße
Poststraße
straße
Riedstraße
Hammer-Straße
Untere Mauergasse
Törkelgasse
Holzapfelgasse
34
3
35
Ochsengasse
Wettg.
Mauergasse
Bahn-hof
Mühlwehrstr.
16
Obere
Mittlerer Graben
Unterer Graben
Johann-
Propsteistraße
N
O
S
W
Mörike-straße
Boxberger Straße
Bahnhof
Beim Ölsteg

Bildverzeichnis

Sofern hier nicht erwähnt, stammen alle Bilder von Inge Braune.

Innenseiten:

Stadt Bad Mergentheim 8, 62, 176, 178; Inge Braune, m. freundl. Genehm. v. Buchhandlung Moritz und Lux 12, 14; Inge Braune, m. freundl. Genehm. d. Wildparks Bad Mergentheim 16, 19; Harald Grunwald, m. freundl. Genehm. d. Wildparks Bad Mergentheim 18; Inge Braune, m. freundl. Genehm. v. Anette Hirt 22; Inge Braune, m. freundl. Genehm. d. Stadt Bad Mergentheim 24, 26, 28, 70, 72, 74, 75, 80, 81, 166, 174; Inge Braune, m. freundl. Genehm. d. Fränkische Nachrichten Verlags-GmbH 30, 32; Inge Braune, m. freundl. Genehm. v. Carlheinz Gräter 34, 36, 38; Inge Braune, m. freundl. Genehm. d. Deutschordensmuseums Bad Mergentheim 40, 42, 43, 50, 52, 54, 84, 94, 96; Inge Braune, m. freundl. Genehm. v. Vermögen und Bau Baden-Württemberg 46, 49, 55, 97; Inge Braune, m. freundl. Genehm. d. Katholischen Münsterpfarramts St. Johannes Baptist 58, 160; Inge Braune, m. freundl. Genehm. d. DHBW Mosbach und v. Vermögen und Bau Baden-Württemberg 64, 69; Inge Braune, m. freundl. Genehm. d. DHBW Mosbach 66, 68; Brigitte Blesl, m. freundl. Genehm. v. Deutschorden-Gymnasium 76, 78; Inge Braune, m. freundl. Genehm. d. Schützen-Corps Bad Mergentheim e. V. 86, 88; Foto Besserer, m. freundl. Genehm. v. Stadtwerk Tauberfranken 90, 93; Stadtwerk Tauberfranken 92; Karin Ludwig, m. freundl. Genehm. v. Theresa Olkus 98; Inge Braune, m. freundl. Genehm. d. Weingärtner Markelsheim eG 100, 101; Inge Braune, m. freundl. Genehm. d. Herbsthäuser Brauerei/Wunderlich KG 102, 104; Inge Braune, m. freundl. Genehm. v. Würth Industrie Service 108, 110; Würth Industrie Service 111; Inge Braune, m. freundl. Genehm. v. TauberMühle & TaubeRrEnergie Kuhn 112, 114, 116, 117; Inge Braune, m. freundl. Genehm. v. Caritas-Krankenhaus Bad Mergentheim 118, 121; Caritas-Krankenhaus Bad Mergentheim 120; Kurverwaltung Bad Mergentheim GmbH 122, 124; Inge Braune, m. freundl. Genehm. d. Kurverwaltung Bad Mergentheim GmbH 126, 127; Marie Issing, m. freundl. Genehm. d. Solymar Therme 130; Inge Braune, m. freundl. Genehm. v. Christa u. Dieter Arweiler 134; Martin Hahn, m. freundl. Genehm. v. Christa u. Dieter Arweiler 135; Inge Braune, m. freundl. Genehm. v. Förderverein Freibad Wachbach e. V. 136; Förderverein Freibad Wachbach e. V. 138, 139; Kapellenpflege Stuppacher Madonna 150; Inge Braune, m. freundl. Genehm. d. Kapellenpflege Stuppacher

Madonna 152; Inge Braune, m. freundl. Genehm. v. Olav Wischulke 156; Inge Braune, m. freundl. Genehm. v. Michael Blümel 162; Inge Braune, m. freundl. Genehm. d. Vermietungsgesellschaft Austraße 6 oHG 164, 169; Inge Braune, m. freundl. Genehm. v. Andreas Richert 168; Adompoja Kinderhilfe in Ghana & Togo e. V. 172

Umschlag:
Heidi Deeg: Elfriede Rein, m. freundl. Genehm. d. Deutschordensmuseums Bad Mergentheim; Ottmar-Mergenthaler-Gedenkstätte: Inge Braune, m. freundl. Genehm. d. Stadt Bad Mergentheim; Mörike-Kabinett: Foto Besserer Lauda-Königshofen, m. freundl. Genehm. d. Deutschordensmuseums Bad Mergentheim; Luftaufnahme: Luftbild Bytomski Würzburg Theresa Olkus: Kurt Taube, m. freundl. Genehm. v. Theresa Olkus; Schäfer Gehrig: Kurverwaltung Bad Mergentheim GmbH, m. freundl. Genehm. v. Darsteller Jürgen Schulz Kurverwaltung Bad Mergentheim GmbH; Katrin Löbbeke und Udo Glatthaar: Peter Dittgen, m. freundl. Genehm. d. Kurverwaltung Bad Mergentheim GmbH; Schlosskirche: Inge Braune, m. freundl. Genehm. v. Vermögen und Bau Baden-Württemberg

Quellenverzeichnis

Beitrag 15 – Heidi Deeg:
Gräter, Carlheinz: Bad Mergentheim. Portrait einer Stadt. Bad Mergentheim, Verlag Robert Zehnder 1972, Seite 5
Volz, Rosemarie: Frauengestalten in Mergentheim. Zehn Biografien aus der Zeit von 1674 bis 1910. Bad Mergentheim Asconio-Verlag 2010

Beitrag 18 – Günther Deeg:
Wäldele, Eckart: Gewölbekeller in Bad Mergentheim; in: Stadtblick Bad Mergentheim 2, Hg. Bürgerforum Stadtbild e. V., Bad Mergentheim 2013, Seite 24

Beitrag 20 – Familie Wunderlich:
Gibson, Carl: Brunnen und Quellen in Tauberfranken. Die historische Trinkwasserversorgung der Bad Mergentheimer Ortschaften Dörtel, Herbsthausen und Schönbühl; Undeloh Wesel-Verlag 2005, Seite 61 und Anmerkung 81

UWE KLAUSNER
Blumenkinder

978-3-8392-1977-5 (Paperback)
978-3-8392-5207-9 (pdf)
978-3-8392-5206-2 (epub)

FLOWER-POWER West-Berlin, Oktober 1968. Am Spreeufer wird die Leiche einer jungen Frau entdeckt. Eine Drogentote unter vielen? Die Spur führt Hauptkommissar Tom Sydow in eine Hippie-Kommune in Moabit. Doch er selbst glaubt nicht daran, dass die 19-Jährige infolge einer Überdosis LSD gestorben ist. Und die Mauer des Schweigens, die ihn umgibt, wird immer höher.

»66 Lieblingsplätze«

für Einheimische, Besucher und Neugierige

Besuchen Sie besondere Orte des Fürstentums Liechtenstein, folgen Sie der Rhön durch Bayern, Hessen und Thühringen oder lassen Sie das märchenhafte Kassel auf sich wirken. Reisen Sie zur Schwäbischen Alb auf der Suche nach Keltengold oder entdecken Sie die Schönheit der Lüneburger Heide. Ob eine Expedition in den Westerwald, ein Ausflug in den Schwarzwald oder ein Kurztripp ins Berliner Umland: Erleben Sie mit unseren Lieblingsplätzen die Vielfalt Deutschlands, Österreichs, Italiens und der Schweiz!

Mit Stadtporträts die Heimat neu entdecken!

Was macht eine Stadt aus? Die Architektur? Die Sehenswürdigkeiten? Nein, es sind die Menschen, die einer Stadt ihr Gesicht verleihen und sie zu dem machen, was sie ist. Unsere Stadtgespräche stellen diese Menschen und ihre Geschichten in Bild und Wort vor. Originale und Prominente erzählen ebenso wie Leute von nebenan Anekdoten, Kurioses und Überraschendes aus ihrer Heimat. Aus den vielen persönlichen Mosaiksteinchen entsteht ein einzigartiges Porträt der Stadt – bunt, lebendig und menschlich.

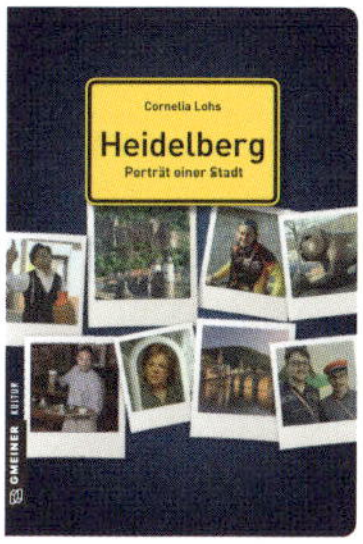

978-3-8392-1880-8

978-3-8392-1883-9

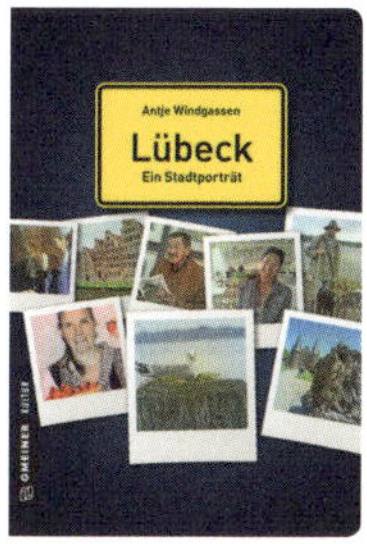

978-3-8392-1882-2

978-3-8392-1881-5

978-3-8392-1879-2

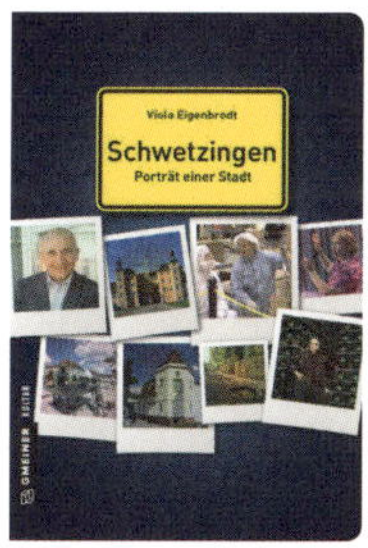

978-3-8392-1900-3

978-3-8392-1902-7

NEUE, KURIOSE UND SPANNENDE GESCHICHTEN AUS IHRER STADT

WEITERE TITEL AUF WWW.GMEINER-VERLAG.DE

GMEINER KULTUR

WWW.GMEINER-VERLAG.DE
Mensch, Kultur, Region